Verwaltungsaufbau in den neuen Bundesländern

Modernisierung des öffentlichen Sektors Sonderband 5

Herausgegeben von

Carl Böhret	Hochschule für Verwaltungswissenschaften, Speyer
Hans Brinckmann	Gesamthochschule Kassel, Forschungsgruppe für Verwaltungsautomation
Dietrich Budäus	Hochschule für Wirtschaft und Politik, Arbeitsbereich Public Management, Hamburg
Rolf G. Heinze	Ruhr-Universtität Bochum, Fakultät für Sozialwissenschaften
Joseph Huber	Martin-Luther-Universität Halle-Wittenberg, Institut für Soziologie
Werner Jann	Universität Potsdam, Wirtschafts- und sozialwissenschaftliche Fakultät
Berndt Keller	Universität Konstanz, Fakultät für Verwaltungswissenschaften
Erika Mezger	Leiterin der Abteilung Forschungsförderung der Hans-Böckler-Stiftung, Düsseldorf
Frieder Naschold	Wissenschaftszentrum Berlin für Sozialforschung
Ilona Ostner	Universität Göttingen, Institut für Sozialpolitik
Christoph Reichard	Fachhochschule für Technik und Wirtschaft Berlin, Fachbereich Betriebswirtschaft
Nikolaus Simon	Gewerkschaft ötv, Hauptverwaltung, Zentrales Büro für Grundsatzfragen, Stuttgart
Heinrich Tiemann	SPD Parteivorstand, Leiter der Abteilung Politik und Zielgruppen, Bonn

Gedruckt mit freundlicher Unterstützung der Hans-Böckler-Stiftung.

Wolfgang Seibel
unter Mitarbeit von Stephanie Reulen

Verwaltungsaufbau in den neuen Bundesländern

Zur kommunikativen Logik
staatlicher Institutionenbildung

Die Deutsche Bibliothek - CIP-Einheitsaufnahme

Verwaltungsaufbau in den neuen Bundesländern : zur kommunikativen
Logik staatlicher Institutionenbildung / Wolfgang Seibel. Unter Mitarb.
von Stephanie Reulen. - Berlin : Ed. Sigma, 1996
    (Modernisierung des öffentlichen Sektors : Sonderband ; 5)
    ISBN 3-89404-755-0
NE: Seibel, Wolfgang; Reulen, Stephanie; Modernisierung des öffentlichen
    Sektors / Sonderband

ISBN 3-89404-755-0
ISSN 0948-2555

Copyright 1996 by edition sigma rainer bohn verlag, Berlin.
Alle Rechte vorbehalten. Dieses Werk einschließlich aller seiner Teile ist urheberrechtlich geschützt. Jede Verwertung außerhalb der engen Grenzen des Urheberrechtsgesetzes ist ohne schriftliche Zustimmung des Verlags unzulässig und strafbar. Das gilt insbesondere für Vervielfältigungen, Mikroverfilmungen, Übersetzungen und die Einspeicherung in elektronische Systeme.

Druck: Rosch-Buch, Hallstadt   Printed in Germany

Inhalt

Einleitung: Vom Osten lernen? 7

1. Imitation und Innovation 11

2. Warum haben verwaltungspolitische Akteure einen 17
Handlungsspielraum und wie nutzen sie ihn?

2.1 Das Staatlichkeitsparadox im Institutionentransfer. 19
Warum die Handlungsspielräume bei der Gestaltung
neuer Verwaltungsstrukturen eher groß als klein sind

2.2 Personen und Ideen 23

2.3 Erfolg und Mißerfolg verwaltungspolitischer 27
Gestaltungsoptionen

3. Erfolgreiche und erfolglose Verwaltungspolitik: 29
Kreisreform, Umweltverwaltung, Treuhandanstalt

3.1 Erste Geschichte: Kreisreform in Brandenburg – oder: 32
Verwaltungspolitischer Jakobinismus

3.2 Zweite Geschichte: Kreisreform in Sachsen – oder: 38
Verwaltungspolitische Führungsschwäche

3.3 Dritte Geschichte: Aufbau der Umweltverwaltung in 48
Brandenburg – oder: Prinzipien kommen vor Vernunft

3.4 Vierte Geschichte: Der Aufbau der sächsischen Umwelt- 53
verwaltung – oder: Aus Fehlern lernen, das Chaos nutzen

3.5 Fünfte Geschichte: Die Etablierung der Treuhandanstalt 57
1990-91 – oder: Wie die DDR-Wirtschaftsverwaltung die
Wiedervereinigung überlebte

3.6 Sechste Geschichte: Die gescheiterte Auflösung der 64
Treuhandanstalt – oder: Totgesagte leben länger

4.	Erfolg und Mißerfolg: Woran hat's gelegen?	71
4.1	Kognitionen – oder: Wie sich Leute etwas in den Kopf setzen und wie sie mit dem zurecht kommen, was sich andere in den Kopf gesetzt haben	73
4.1.1	Leitideen und Gestaltungsoptionen als unabhängige und als abhängige Größen	73
4.1.2	Kompatibilitäten und Inkompatibilitäten: Enge und lose Kopplung von Leitideen und Gestaltungsoptionen	78
4.2	Kommunikation – oder: Warum bestimmte Reformkonzepte auf Anerkennung, Akzeptanz und Vertrauen stoßen und andere nicht	84
4.2.1	Aufmerksamkeit und Nicht-Aufmerksamkeit	84
4.2.2	Legitimation	88
4.2.3	Verständigung und Vertrauen	91
4.3	Macht	95
4.4	Zeit	97
4.5	Persönlichkeiten	99
4.6	Kosten und Nutzen	102
5.	**Führung oder Pfadabhängigkeit?**	103
6.	**Imitation, Innovation – und: Persistenz**	111
	Anhang: Inhaltsanalytischer Vergleich der verwaltungspolitischen Orientierungen in Sachsen und Brandenburg	119
	Literatur	139

Einleitung: Vom Osten lernen?

Die Metapher des Lernens mag bei den Bürgern im heutigen Ostdeutschland immer noch eigentümliche Assoziationen hervorrufen. Es gab da früher volltönende Redeweisen, die sinngemäß lauteten: von einem großen Vorbild im Osten lernen, heiße, im Leben erfolgreich zu sein (das Original war weniger umständlich formuliert, aber es paßt schlecht in die heutige Zeit). Seit 1990 haben sich nun in jeder Hinsicht die Vorzeichen umgekehrt. Modern und erfolgreich sein zu wollen, heißt im Osten nun, von dem großen Vorbild im Westen zu lernen.

Aber es wäre leichtsinnig, darauf zu verzichten, die Frage nochmals umzudrehen. Denn einerseits stellte sich bei den Vertretern der Wissenschaft schnell ein Sprachregelungsreflex ein, der immer wieder betonen ließ, daß die Wiedervereinigung des Jahres 1990 mit ihren Folgen ein gewaltiges Experiment mit gewaltigen Chancen für die Gewinnung neuer Erkenntnisse über den dynamischen Wandel einer Gesellschaft, über die Verarbeitung schockartiger Einwirkungen von außen, über alle möglichen Folgen von der Gemütslage bis zur Gesetzgebungspraxis im wiedervereinigten Deutschland etc. sei. Und andererseits hat die Wiedervereinigung - allerdings nur indirekt und ohne, daß dies dem Wiedervereinigungsereignis direkt zugerechnet würde - eine neue Krise des öffentlichen Sektors in Deutschland und ein neues Nachdenken über seine Entwicklungsperspektiven und -notwendigkeiten ausgelöst. Die Schriftenreihe, in der dieser Beitrag erscheint, zeugt davon.

Können wir also etwas vom Osten lernen? Genauer gesagt: Kann der Neubau der Verwaltung in den neuen Bundesländern uns lehren, wie man erfolgreich Verwaltungspolitik macht oder wie man es besser nicht macht?

Die Antwort ist ein unbescheidenes 'Ja'. Dies mag diejenigen überraschen, die die ausgeprägte Bescheidenheit zu schätzen wissen, die den Berufsstand der forschenden Hochschullehrer bekanntlich ansonsten ziert. Tatsächlich können wir aber bei zeitgeschichtlichen Abläufen, die sich buchstäblich vor unseren Augen abspielen, auf eine besondere Eigenart menschlichen Lernens rechnen, auf deren produktive Wirkung die Sozial- und Geisteswissenschaften ansonsten gerade nicht zurückgreifen können: Unser Lernen wird stärker durch Erfahrung und praktische Anschauung geprägt als durch intellektuelle Instruktion (vgl. Rousseau 1993). Professoren halten sich sonst wenig an diese Erkenntnis, das ist sozusagen eine Berufskrankheit.

Seit 1990 habe ich zusammen mit meinen Mitarbeiterinnen und Mitarbeitern versucht, das zu tun, was mir während der letzten großen Reformbewegung in der deutschen Verwaltung, während der umfassenden Gebiets- und Funktionalreformen der 1970er Jahre, schon aufgrund des Lebensalters verwehrt gewesen wäre, was aber auch von einschlägig weniger Gehandicapten, wie später beklagt wurde (siehe Derlien/v. Queis 1986) versäumt worden war, nämlich die Prozeßgeschichte verwaltungspolitischer Großreformen zu rekonstruieren.[1] Wir haben nun in den 1990er Jahren - mit einem erheblich ausgefeilteren analytischen Instrumentarium der Verwaltungswissenschaft - neben vielen anderen Chancen auch die, das damals Versäumte nachzuholen. Es geht also zum einen um die Vergewisserung darüber, um die berühmtgewordene Formel eines berühmten Historikers aufzugreifen, 'wie es eigentlich gewesen ist'. Es wäre nämlich nicht nur unbescheiden, sondern naiv anzunehmen, daß die zurückliegende Zeit von nunmehr, je nach Bezugsdatum, fünf bis sechs Jahren, die seit dem Zusammenbruch der DDR und der Wiedervereinigung vergangen sind, für eine einigermaßen hinreichende empirische Aufarbeitung der tatsächlichen politischen, wirtschaftlichen und eben auch administrativen Entwicklungen ausgereicht hätte. Entwürfe für "Transformationstheorien" sind da gutgemeint, sie werden aber ohne empirische Gründung offenkundige Verlegenheitslösungen und deshalb folgenlos bleiben.

Andererseits stehen wir bei der zeitgeschichtlichen Rekonstruktion vor methodologischen Problemen, die dem Historiker wohlbekannt sind. Wenn solche Rekonstruktionen einen Ertrag haben sollen, wenn man z.B. aus ihnen "lernen" können soll, muß die erzählte Geschichte mehr sein als bloßes Geschichtenerzählen (vgl. Rüsen/Jaeger 1990). Historisches Lernen setzt voraus, daß im Einmaligen das Allgemeine deutlich wird. Aus dem Neubau der Verwaltung in den neuen Bundesländern kann man nur etwas lernen, wenn prozeßgestaltende Faktoren erkennbar gemacht werden, deren Wirksamkeit wir unter ganz anders gearteten Umständen von Verwaltungswirklichkeit auch vermuten können.

Dieses Büchlein versucht einen solchen methodischen Brückenschlag. Einerseits werden Geschichten erzählt, andererseits wird erklärt und interpretiert. Die Geschichten - also die Rekonstruktion von verwaltungsgestaltenden Prozessen in den neuen Bundesländern - sollen "lebensnah", vor allem sollen die Motive der maßgeblichen Akteure nachvollziehbar sein. Aber die Geschichten sollen hier auch "analysiert" werden, und das bedeutet: herauszufinden, warum sie sich so und nicht anders ereignet haben (also zu erklären) und danach diese Erklärungen mit anderen bekannten, für den Gegenstandsbereich der Verwaltungswirklichkeit bedeutsamen

---

1 Für die Verwaltungsreform der 1970er Jahre gibt es allerdings gründliche Einzelstudien. Vgl. etwa Rüschenschmidt 1975, Schimanke 1978.

Erklärungen und deren Verallgemeinerungen ("Theorien") in Beziehung zu setzen (also zu interpretieren). Bekanntlich haben nicht nur Bücher, sondern gerade auch Büchlein ihr Schicksal. In diesem Fall war dies für die Herausgeber der Schriftenreihe und für die Verleger vielleicht noch schwerer als ohnehin zu tragen, weil sich die Fertigstellung des Manuskripts immer wieder verzögert hat. Das hatte etwas mit dem soeben angesprochenen Empirieproblem zu tun. Die empirische Basis für die vorliegende Schrift ist von mir gemeinsam mit Mitarbeitern erarbeitet worden, und diese Arbeit hat sich, wie nahezu üblich, länger als ursprünglich beabsichtigt hinausgezögert. Für das vorliegende Büchlein trage ich, bis auf den Anhang, allein die Verantwortung, aber ich möchte mich bei dieser Gelegenheit bei meinen Mitarbeitern herzlich bedanken. Meine Ausführungen zur Kreisreform in Brandenburg und Sachsen stützen sich auf die Arbeiten von *Stephanie Reulen* (1994) und *Albrecht Frenzel* (1995). Meine Ausführungen zum Aufbau der Umweltverwaltung in Brandenburg und Sachsen stützen sich auf die Untersuchung von *Andreas Eisen* (1996). Die Ausführungen zur Entstehung und Scheinauflösung der Treuhandanstalt stützen sich hingegen auf meine eigenen Untersuchungen (Seibel 1993, 1994a, 1994b).

Wolfgang Seibel

1. Imitation und Innovation

Der Titel dieses Kapitels entbehrt jeder Originalität. Er wurde bereits von der amerikanischen Historikerin und Japanforscherin Eleanor Westney gebraucht, und zwar in einem sehr ähnlichen Zusammenhang wie dem unsrigen. Imitation und Innovation sind Muster des Institutionentransfers, wie sie Westney (1987) für Japan am Beispiel der Polizei, der Post und des Zeitungswesens analysiert hat. Imitation und Innovation bezeichnen hier den Unterschied zwischen einer sozusagen detailgetreuen Übertragung westlicher institutioneller Muster nach Japan in der Meiji-Periode (1867-1912) und Modifikationen der Grundmuster, die sich aus erforderlichen Anpassungen an die kulturellen und politischen Gegebenheiten in Japan ergaben. Hier schließen sich also Imitationen und Innovationen definitionsgemäß aus.

Das deutsche Problem von 1990 war jedoch anders gelagert als das japanische während der Meiji-Periode. Japan konnte sich als ein freiwilliger und selektiver Institutionenimporteur verhalten, Ostdeutschland aber hatte mit dem Beitritt zur Bundesrepublik Deutschland gleich das ganze Grundsortiment westdeutscher Institutionen übernommen und selbst die Modifikationen des Sortiments wurden in der Regel noch vom 'Lieferanten' beeinflußt, nämlich von westdeutschen Beratern oder Leihbeamten. Wir haben es nur in der Frühphase der Wiedervereinigung, bis wenige Wochen nach der ersten freien Volkskammerwahl vom 18. März 1990, mit selektivem Institutionenimport zu tun (z.B. bei der Ausgestaltung der Kommunalverfassung vom 17. Mai 1990 oder bei der Vorbereitung des Treuhandgesetzes vom 17. Juni 1990), danach aber mit einem mehr oder weniger wohlwollenden Binnenkolonialismus.[1]

Die Erfahrung seit 1990 lehrt uns aber, daß in Ostdeutschland der Institutionenimport aus dem Westen zwar durchaus als Imitationsverpflichtung wahrgenommen wurde, daß die tatsächlichen verwaltungspolitischen Entscheidungsprozesse und die tatsächlichen institutionellen Ergebnisse jedoch oft einem ganz anderen Muster folgten. Beides ist wichtig und her-

---

1   Auch zu diesem Phänomen gibt es eine Vorläuferarbeit, nämlich Michael Hechters Buch "Internal Colonialism. The Celtic fringe in British national development, 1536-1966" (1978). Hechters Gegenstand ist aber wiederum ein anderes Phänomen als das des wohlwollenden Binnenkolonialismus unter westdeutscher Hegemonie, den wir in Ostdeutschland seit 1990 beobachten können. Hechter ging es um die Herausbildung ethnischer Identitäten und deren Integration bzw. Unterdrückung in ein und demselben Nationalstaat am Beispiel der keltischen und der normanischen ethnischen Entwicklungslinie in England.

vorhebenswert: Daß die ostdeutschen Verwaltungsmitarbeiter den westdeutschen Verwaltungskolonialismus wenigstens zu Anfang auch als solchen empfunden haben, unterliegt kaum einem Zweifel (vgl. Osterland 1995). Auf der anderen Seite hat es aber eben doch keine "1:1-Übertragung" westdeutscher Muster auf den Osten gegeben. Es entwickelte und entwickelt sich im Osten Deutschlands - nach allem, was wir zu diesem immer noch sehr frühen Zeitpunkt dazu feststellen können - eine eigentümliche Verwaltungslandschaft, die die Ära der homogenen westdeutschen Verwaltungsstrukturen und Verwaltungsgewohnheiten unwiderruflich beenden dürfte.

In gewisser Hinsicht kehrt die deutsche Verwaltung damit aber lediglich zu einem Normalzustand zurück, der sie vor der Gleichschaltungswelle nach 1933 gekennzeichnet hatte. Selbst in Preußen, das die territoriale West-Ost-Achse politisch-administrativ beherrschte, waren die Unterschiede zwischen der Verwaltung der Westprovinzen und der Verwaltung der Ostprovinzen namentlich auf der lokalen Ebene gewaltig.[2] Die hier angelegte Dialektik von Vielfalt in der Einheit oder von dezentraler Differenzierung und nationaler Integration wird für die Politik- und Verwaltungswissenschaft, so ist jedenfalls zu hoffen, für lange Zeit ein wichtiger Forschungsgegenstand bleiben.

Was diese unvermeidlichen ostdeutschen Abweichungen vom westdeutschen Verwaltungsmuster betrifft, hat sich nun, so will es scheinen, in den unmittelbar zurückliegenden Jahren ein bemerkenswerter Wahrnehmungswandel vollzogen. Dominierte zunächst eine generelle Defizithypothese, so schälen sich nun Schritt für Schritt neutralere Bewertungen heraus.

Zunächst zur Defizithypothese. Aus dieser Sicht mußte der Institutionentransfer von West nach Ost als ein gewaltiges Implementationsproblem erscheinen, und zwar in zweierlei Hinsicht: Zum einen hatte die SED-Herrschaft im Unterschied zu allen bisherigen neuen Regimen in Deutschland den alten Personalkörper zerschlagen (vgl. Derlien 1993,

---

2 Der Vorteil der damaligen Verwaltungsstruktur bestand übrigens gerade in der politisch-administrativen Verklammerung der West-Ost-Disparitäten. Deutschland verfügt nach der Wiedervereinigung des Jahres 1990 über eine solche West-Ost-Verklammerung auf Länderebene nicht mehr. Diese Aufgabe muß heute vom Bund wahrgenommen werden und dies führt nicht allein zu Zentralisierungseffekten, sondern auch zur Verlagerung der Integrationsmechanismen von den Dimensionen Organisation und Personal (die in Preußen vor 1933 dominierten) zu den Dimensionen Finanzen und Recht. Verwaltungsmäßig wird der Osten Deutschlands heute namentlich durch die Finanzausstattung an den Westen gebunden.

König 1995). Das Berufsbeamtentum war abgeschafft, es gab weder eine Regelqualifikation oder eine Laufbahnordnung noch verläßliche Ausbildungspläne (die vorhandenen Ausbildungspläne blieben geheim). Die Ausbildungsinhalte im Staatsdienst standen unter dem Primat ideologischer Formeln des Marxismus-Leninismus, eine Verwaltungsrechtsausbildung fand bis 1972 gar nicht statt, das Recht selbst wurde als Transmissionsmechanismus des Willens der politischen Führung interpretiert und auch so gehandhabt, selbst ein technokratisch-administratives Rechtsstaatsbewußtsein im Sinne einer stetigen, regelgebundenen Arbeitsweise war den öffentlich Bediensteten in der DDR weitestgehend abhandengekommen.

In der einschlägigen Diskussion weitaus weniger beachtet wurde die Tatsache, daß das SED-Regime auch die gesellschaftliche Einbettung der Verwaltung endgültig zerschlagen hatte, wie sie für die deutschen Verhältnisse, jedenfalls bis 1933, charakteristisch gewesen war. Die deutsche Verwaltung hatte von den Modernisierungsdefiziten des politischen Regimes, wie sie im 19. Jahrhundert manifest wurden, auf eigentümliche Weise profitiert. Die "defensive Modernisierung" (Wehler 1987: 397-485) des deutschen Staates beruhte nicht zuletzt auf politischen Integrationsleistungen der Verwaltung, welche das politische Regime selbst zu erbringen nicht in der Lage war. "Verwaltungsreform statt Verfassungsreform" war die Losung, mit deren Hilfe nach 1806 wenigstens das gehobene Bürgertum an die praktischen Staatsgeschäfte herangeführt wurde (vgl. Koselleck 1981). Das dann in der zweiten Hälfte des 19. Jahrhunderts sich entwickelnde Neben- und Miteinander von Lokalverwaltung und Vereinswesen prägt die westdeutsche Verwaltungspraxis bis heute nachhaltig. In Ostdeutschland hingegen hatte das SED-Regime dieses Beziehungsgeflecht zwischen Staat und Zivilgesellschaft, das bereits die Nazis nach 1933 gleichgeschaltet hatten, vollends zerschlagen.

Beide Defizite - das Fehlen eines für die Erfordernisse der modernen rechtsstaatlichen Verwaltung hinreichend vorgebildeten Personalstammes und das Fehlen handlungsfähiger und -williger zivilgesellschaftlicher Kooperationspartner der öffentlichen Verwaltung - haben den Neubau der Verwaltung in den neuen Bundesländern unterschiedlich stark belastet, ihre Ursachen können unterschiedlich schnell behoben werden. Zweifellos war das Personalproblem zunächst gravierend, die Personalsituation im öffentlichen Dienst ist auch heute noch weit von einer Konsolidierung entfernt. Dies gilt in quantitativer wie in qualitativer Hinsicht. Aber durch Personaltransfer aus dem Westen und massive Aus- und Fortbildungsmaßnahmen konnten doch die gröbsten Defizite bald behoben werden. Die im Verwaltungsalltag zunächst weitaus weniger spürbaren Defizite der zivilgesellschaftlichen Strukturen hingegen lassen sich durch Instruktion und Finanzmittel nicht beheben. Vor allem die völlige Zerschlagung des Besitzbürgertums mit seinen lokalen Netzwerken vom Tennis- bis zum Rotary Club wird die lokalen Staat-Wirtschaft-Beziehungen in Ostdeutschland mutmaßlich noch auf Jahrzehnte hinaus von denen im Westen unterscheiden.

Diese Feststellung weist jedoch bereits über die Defizithypothese hinaus. Wir haben Anzeichen dafür, daß der ostdeutsche Staat tatsächlich 'staatlicher' und zentralistischer bleiben wird als der Staat westdeutscher Prägung. Es werden sich aber nichtsdestotrotz funktionierende staatliche Strukturen herausbilden, weil die unmittelbar wirkenden personellen Defizite immer weniger ins Gewicht fallen werden und weil sich für die zivilgesellschaftlichen Defizite funktionale Äquivalente bilden. Auf dieser Grundlage, die in etwa bereits den heutigen Status quo beschreibt, ergeben sich nicht allein neue staats- und verwaltungs*interne* Handlungsformen, sondern auch neue *äußere* Staats- und Verwaltungsstrukturen. Sie machen das Innovative der ostdeutschen Verwaltungspraxis aus.

Wenn es eine Generaltendenz in diesem Normalisierungsprozeß gibt, so ist es die seit 1990 stetig zunehmende Handlungsfähigkeit ostdeutscher Akteure. Dies mag in vielen Fällen noch eine geliehene oder jedenfalls westdeutsch-verstärkte Handlungskompetenz sein, in jedem Fall aber wurden originär ostdeutsche verwaltungspolitische Interessen zunehmend artikulationsfähig (vgl. hierzu auch Berg/Nagelschmidt 1995). Dabei spielten die Maßnahmen der Aus- und Fortbildung im Personalbereich sicher eine Rolle, mutmaßlich aber nicht die ausschlaggebende. Vielmehr war es wohl die das Selbstbewußtsein befördernde Erfahrung, daß die personellen und konzeptionellen Westimporte mitunter nicht ohne deutliche Schwächen waren und vor allem, daß es sich nun lohnte, die eigenen Anschauungen und Interessen überhaupt zu artikulieren. Denn das im Alltag augenfälligste Merkmal der neugewonnenen Demokratie ist der Kompromiß, zu dem viele etwas beizutragen haben. Der nach wie vor fehlende zivilgesellschaftliche Unterbau aber bewirkt, daß die verwaltungspolitischen Akteure im Osten Deutschlands weitaus mehr unter sich sind als dies, wenigstens heute, im Westen der Fall wäre. Kaum ein Verband oder Verein, geschweige denn eine muntere Bürgerinitiative kommt den Praktikern in Politik und Verwaltung im Osten ernsthaft ins Gehege.

Wenn also im Osten andere Verwaltungszustände entstehen als wir sie im Westen gewohnt sind, zeigt dies nicht notwendigerweise ein Imitationsdefizit an. In der Tat kommt es auch zu bewußt intendierten Abweichungen vom westdeutschen Status quo, also zu Innovationen. Diese sind wenigstens zu einem Teil auf das seit 1990 stetig zunehmende Handlungspotential ostdeutscher Akteure zurückzuführen. Zu einem anderen Teil aber waren es, wie wir sehen werden, auch westdeutsche Akteure, die die Umbruchsituation im Osten zur Verwirklichung von Lerneffekten nutzten, die sich in langjähriger westdeutscher Verwaltungspraxis eingestellt hatten.

Es soll also keine lineare Abhängigkeit des Innovationspotentials ostdeutscher Verwaltungspolitik vom zeitlichen Abstand gegenüber dem Wiedervereinigungsjahr 1990 behauptet werden. Die im Zeitablauf zunehmende Handlungsfähigkeit ostdeutscher Akteure und die zunehmende Artikulationsfähigkeit ostdeutscher Interessen hat eben zunächst nur Auswirkungen auf die Akteursstrukturen, nicht notwendigerweise auch auf deren Handlungen und wiederum deren Ergebnisse. Jedenfalls lohnt es sich, genau hier die Betrachtung anzusetzen: auf der Ebene der Akteure, der westdeutschen wie der ostdeutschen, die die neue Verwaltung im Osten Deutschlands gestalten.

2. Warum haben verwaltungspolitische Akteure einen Handlungsspielraum und wie nutzen sie ihn?

Warum soll man sich bei der Betrachtung verwaltungspolitischer Abläufe überhaupt auf Akteure konzentrieren? Die Beantwortung dieser Frage ist weniger einfach als es zunächst erscheinen mag. Schließlich kommen viele, wenn nicht sogar die meisten Betrachtungen über Verwaltung und Verwaltungspolitik ohne diese Akteursperspektive aus. Dies gilt z.B. für alle normativen oder systemtheoretischen Betrachtungen. Die normative Sicht wird uns dazu verleiten, die Übertragung westdeutscher Institutionenmuster auf den Osten entsprechend der Grundlogik des Beitritts der vormaligen DDR zum Geltungsbereich des Grundgesetzes als das wesentliche Phänomen zu betrachten. Eine systemtheoretische Betrachtung würde diesen Institutionentransfer dann wohl als eine Art Selbstreproduktion westdeutscher Strukturen in den neuen Bundesländern zu begreifen suchen. Beide Betrachtungen sind durchaus nicht abwegig, denn die Reproduktion institutioneller Muster in relativer Unabhängigkeit von den Motiven und Intentionen der handelnden Zeitgenossen ist ein in der Tat erstaunliches und interpretationsbedürftiges Phänomen. Trotzdem - und dies ist der wichtigste Mangel der normativen oder systemtheoretischen Ansätze - geraten eben jene handelnden Zeitgenossen dann erst gar nicht ins Blickfeld. Eine spannende Frage ist gerade, wie institutionelle Muster, die offensichtlich weder zufällig noch als solche im Kalkül der handelnden Akteure von Bedeutung sind, dennoch durch das Handeln dieser Akteure reproduziert werden. Diese Frage wird übrigens in der vorliegenden Schrift nicht beantwortet, sie berührt hochaktuelle Probleme sozialwissenschaftlicher Theoriebildung, die hier nicht zum Thema gehören.

Es ist aber aus mindestens zwei Gründen hilfreich, sozusagen probeweise einmal die Perspektive der verwaltungspolitischen Akteure einzunehmen. Der eine Grund ist der höhere Grad an Realismus, den eine solche Darstellung für sich in Anspruch nehmen kann. Wie jede zuverlässige zeitgeschichtliche Analyse offenbart die Rekonstruktion verwaltungspolitischer Prozesse aus der Akteursperspektive, daß das betrachtete Geschehen nicht alternativlos war. Handelnde Personen mit Einfluß und Verantwortung haben Entscheidungen getroffen, die durchaus auch anders hätten ausfallen können, zu denen es also Alternativen gegeben hat. Es ist Aufgabe der Forschung, mit einem hinreichenden Maß an Sicherheit festzustellen, warum unter den verschiedenen Alternativen eine bestimmte Auswahl getroffen wurde (vgl. zu dieser Kombination aus "Logik der Situation" und "Logik der Selektion" Esser 1993: 93-102).

Der andere Grund, der für die Verfolgung der Akteursperspektive spricht ist, daß wir als Betrachter uns mit Akteuren identifizieren können, nicht aber mit Strukturen. Schon aus dem oben angesprochenen pragmatischen Grund, aus dem Neubau der Verwaltung in den ostdeutschen Bundesländer etwas lernen zu wollen, empfiehlt es sich also, die Akteursperspektive einzunehmen. Würde man hierauf verzichten, hätte dies den eigentümlichen Effekt, daß unbefriedigende organisatorische Lösungen und Entwicklungen auch nur als mehr oder weniger unsinnig, als von unklugen, leichtsinnigen oder mindestens nicht gut beratenen Menschen zustandegebracht erscheinen müßten. Mit solchen Menschen möchte man sich aber gerade nicht identifizieren, und deshalb könnte man aus ihrem Handeln auch kaum etwas lernen. Nicht nur hilfreicher, sondern auch realistischer ist es hingegen, verwaltungspolitische Akteure als 'Menschen wie Du und ich' zu begreifen, die ihre Entscheidungen nach gutem Wissen und Gewissen, nach Abwägung von Für und Wider und insbesondere unter bestimmten Restriktionen ihres Handelns zu treffen haben, die sie selbst nicht oder nur wenig beeinflussen können.

Die Handlungsspielräume verwaltungspolitischer Akteure sind also, so kann man folgern, durchaus nicht strukturlos. Verwaltungspolitische Entscheidungen werden in einem historisch geprägten und rechtlich und politisch determinierten Kontext getroffen. Diese Kontextdeterminanten muß man sich zunächst vergegenwärtigen, wenn man zu einem angemessenen Verständnis der Entscheidungsabläufe beim Neubau der Verwaltung in den ostdeutschen Bundesländer gelangen will. Wenn wir in Anlehnung an viele Forschungsstrategien in den empirischen Sozialwissenschaften zwischen Akteur und Kontext unterscheiden (vgl. Alexander 1993: 31-47), so gehen wir doch - im Unterschied zu anderen Ansätzen eines "akteursorientierten Institutionalismus" - von individuellen Akteuren aus. Diese Individuen mögen mehr oder weniger fest umrissenen sozialen Kontexten - Gruppen, Organisationen oder auch Ideengemeinschaften, Bewegungen etc. - angehören, und sie verfolgen mit ihrem Handeln bestimmte Interessen, deren Gehalt ihnen aber womöglich in unterschiedlichem Maße bewußt ist, und für deren Umsetzung in Handlungsstrategien ihnen ein unterschiedlich reichhaltiges Repertoire an subjektiven und intersubjektiven Ressourcen zur Verfügung stehen mag. Welche Kontextbedingungen, welche Interessen und welches Potential an Interessenartikulation und Strategiefähigkeit das Handeln von Akteuren jeweils maßgeblich beeinflußt hat, läßt sich nur durch eine Analyse der 'Logik der Situation' (Esser 1993; Mayntz/Scharpf 1995: 58-60) rekonstruieren. Dies ist offensichtlich umso wichtiger für die Analyse von Situationen, bei denen ein wichtiger Kontextbaustein, nämlich die Existenz mehr oder weniger stabiler und berechenbarer Institutionen, fehlt oder jedenfalls nur schwach ausgebildet ist und Institutionen*bildung* ihrerseits Gegenstand des strategischen Handelns von Akteuren ist.

2.1 Das Staatlichkeitsparadox im Institutionentransfer. Warum die Handlungsspielräume bei der Gestaltung neuer Verwaltungsstrukturen eher groß als klein sind

Der von West nach Ost vollzogene Institutionentransfer nach der Wiedervereinigung bezieht sich sowohl auf gesellschaftliche als auch auf staatliche Institutionen. Diese Unterscheidung ist sehr bedeutsam, denn gesellschaftliche und staatliche Institutionen sind in Deutschland unterschiedlichen Entwicklungslogiken und daher mutmaßlich auch unterschiedlichen Transferlogiken unterworfen. Ein ausländischer Beobachter hat das westdeutsche Gemeinwesen als einen dezentralisierten Staat mit zentralisierter Gesellschaft charakterisiert (Katzenstein 1987: 15-35). Der Staatsapparat ist in Deutschland in hohem Maße dezentralisiert und fragmentiert. Durchgreifende Versuche, an diesem Zustand etwas zu ändern, hat es nur unter den beiden deutschen Diktaturen, von 1933-1945 und dann von 1949-1989 im Osten des geteilten Landes, gegeben. Zwar hat die Verwaltung selbst kompensatorische Mechanismen hervorgebracht, insbesondere das einheitliche öffentliche Dienstrecht und den dadurch bewirkten homogenen Ausbildungs- und Leistungsstandard des öffentlichen Dienstes über alle Verwaltungsebenen hinweg. Die wesentlichen Gegengewichte, die die Dysfunktionen von Dezentralisierung und Fragmentierung des Staates selbst im Zaume halten, sind jedoch die tragenden gesellschaftlichen Institutionen unseres Gemeinwesens, allen voran die Parteien und Verbände. Die bundeseinheitliche Struktur von Parteien und Verbänden bildet den wesentlichen Koordinationsmechanismus, mit dessen Hilfe die Zentrifugalkräfte eines dezentralisierten und fragmentierten Staatsapparates gewissermaßen in Schach gehalten werden.

Es ist sicher kein Zufall, daß alle bislang vorliegenden Untersuchungen zum Institutionentransfer im Zuge der Wiedervereinigung *gesellschaftliche* Institutionen oder wenigstens doch Institutionen an der Schnittstelle zwischen Staat und Gesellschaft zum Gegenstand haben (vgl. etwa Lehmbruch 1995, Mayntz 1994, Wiesenthal 1995). Dies sind die einfachen Fälle. Entweder die bundeseinheitliche Verbands- oder Vereinsstruktur (oder wenigstens vereins- oder verbandsmäßig gesteuerte Struktur) taucht im

Osten wieder auf oder nicht. Je nach empirischem Ergebnis kann dann von einem erfolgreichen oder erfolglosen Institutionentransfer gesprochen werden.

Bei den *staatlichen* Institutionen liegen die Dinge komplizierter. Die dezentralisierten Strukturen des Staates in Deutschland machen im Prozeß des Institutionentransfers dezentrale Variationen von vornherein zur Regel und nicht zur Ausnahme. Es wäre aber offenkundig unsinnig, solche Variationen als Anzeichen eines mißlungenen Institutionentransfers zu deuten. Im Gegenteil: Föderative Strukturen und kommunale Selbstverwaltungen erweisen sich womöglich gerade in dem Variantenreichtum als funktionsfähig, den ostdeutsche Länder und Gemeinden bei der Gestaltung ihrer Verwaltungslandschaft hervorbringen.

Insofern haben wir es mit einem Paradox zu tun. Gerade dort, wo nach der Beitrittslogik der Wiedervereinigung auf der Grundlage des damaligen Art. 23 GG ein Totaltransfer von Institutionen zu erwarten wäre, nämlich im staatlichen Bereich, ergeben sich in der Praxis die größten Handlungsspielräume der Institutionengestaltung. Diese Feststellung verlangt nach einer Präzisierung, und sie wirft außerdem eine Anschlußfrage auf.

Zunächst muß präzisiert werden, welche Ausprägung die Handlungsspielräume in den verschiedenen Bereichen der Verwaltungsgestaltung tatsächlich hatten. Systematische Überlegungen und empirische Evidenz sprechen dafür, daß die Handlungsspielräume in den Bereichen Personal, Finanzen und Recht der öffentlichen Verwaltung in den ostdeutschen Bundesländern nach 1990 relativ klein, daß sie hingegen im Bereich der Verwaltungsorganisation relativ groß waren. Dies liegt an der unterschiedlichen Rigidität der jeweiligen Strukturen.

Im Personalbereich sind die wesentlichen Veränderungen in den ostdeutschen Bundesländern quantitativer Art. Die Zahl der Beschäftigten im öffentlichen Dienst in Ostdeutschland ist in einem dramatischen Schrumpfungsprozeß begriffen. Allein in den drei Jahren 1991-1993 ist die Beschäftigtenzahl von 1.780.000 auf 1.535.000 gesunken, also um 246.000 oder rund 14%. Dabei sind die kompensatorischen Entwicklungen durch den Aufbau der Sozialversicherung (mit einem Beschäftigungszuwachs von 60% auf rund 80.000) bereits berücksichtigt (vgl. Tondorf 1995). Dieser Personalabbau und die damit verbundene Umstrukturierung vollzieht sich aber womöglich gerade wegen seiner Dynamik und ungeachtet der einen oder der anderen Flexibilisierung im arbeitsorganisatorischen Bereich (vgl. auch hierzu Tondorf 1995) in den mehr oder weniger "bewährten" Strukturen des westdeutschen öffentlichen Dienstrechts. Die Gestaltungsspielräume der Landesregierungen und Kommunalverwaltungen beschränken sich im wesentlichen auf das Ausmaß der Verbeamtungen im gehobenen und höheren Dienst. Generell machen die ostdeutschen Bundesländer von der Verbeamtung zurückhaltenderen Gebrauch als dies im Westen der Fall ist. Die Ursache hierfür liegt in Ausnahmefällen, so etwa in Brandenburg, tatsächlich in dienstrechtlichen Alternativkonzepten (die allerdings ebenfalls die dienstrechtliche Dreiteilung in Beamte, Angestellte und Arbeiter als gegeben hinnimmt). Ansonsten aber ist der geringere Verbeamtungsgrad des öffentlichen Dienstes in Ostdeutschland vor allem eine Folgerung aus dem Zusammentreffen eines relativen Personalüberhangs mit den Problemen der politischen Belastung des Personalkörpers aus der Zeit des SED-Regimes.

Nicht viel anders verhält es sich aus naheliegenden Gründen mit dem allgemeinen und besonderen öffentlichen Recht. Das Recht ist das tragende Medium der elementaren demokratischen und sozialstaatlichen Verbesserungen, die die Wiedervereinigung den Ostdeutschen gebracht hat. Daß es sowohl in der Bevölkerung, als auch bei den Verwaltungsbediensteten in seiner konkreten Gestalt als Alltagsverwaltungsrecht Anpassungsschwierigkeiten oder sogar Irritationen hervorgerufen hat (vgl. Osterland 1995) ist eben nur ein Anzeichen dafür, daß die Anpassungsleistungen des Rechtssystems offenkundig geringer ausgefallen sind als diejenigen der ostdeutschen Bevölkerung und Verwaltungsmitarbeiter. Gleichwohl ist es, von der Öffentlichkeit weitgehend unbemerkt, in der Folge der Wiedervereinigung zu bedeutsamen verwaltungsrechtspolitischen Veränderungen gekommen. Dies gilt vor allem für die Beschleunigung von Planfeststellungsverfahren und die Vereinfachung von Verwaltungsstreitverfahren (vgl. Goerlich 1993).

In noch höherem Maße als Personal und Recht der öffentlichen Verwaltung hat sich deren Finanzverfassung im Zuge der Wiedervereinigung gegenüber Strukturveränderungen als resistent erwiesen. Hier waren die Handlungsspielräume der Beteiligten offenkundig am geringsten - und dies wiederum aus naheliegenden Gründen. Die tragende Philosophie des deutschen Föderalismus, wie sie zuletzt durch die Große Finanzreform des Jahres 1969 und dann durch die einschlägige Rechtsprechung des Bundesverfassungsgerichts bis ins Kleinste ausgefeilt wurde, ist die Homogenisierung der Finanzausstattung von Ländern und Kommunen. Daß dies so ist - daß, um es umzuformulieren, die Legitimität politischer Herrschaft in Deutschland in hohem Maße durch die Output-Leistungen und nicht durch die Input-Strukturen des Staates gesichert wird (vgl. Scharpf 1975) - hat damit zu tun, daß der bereits im 19. Jahrhundert in den Städten sich entwickelnde Leistungsstaat die sozialen Folgeprobleme der Industrialisierung nicht durch politische Beteiligungsrechte, sondern durch ein für die damaligen Verhältnisse sehr aufwendiges System technischer und sozialer

Infrastruktur unter politische Kontrolle brachte (vgl. Nipperdey 1993: 109-182). Sowohl der Vollzug des Beitrittsprinzips als auch die namentlich im Wiedervereinigungs- und Wahlkampfjahr 1990 nachhaltig stimulierten Erwartungen der ostdeutschen Bevölkerung in die Leistungsfähigkeit der Umverteilungsmaschinerie des westdeutschen Sozialstaates schlossen einen radikalen Bruch mit der Homogenisierungslogik der westdeutschen Finanzverfassung von vornherein aus. Daraus resultierten massive Belastungen der Elastizität des Finanzverfassungssystems, die im Frühjahr 1993 durch einen politischen Kraftakt, das sogenannte Föderale Konsolidierungsprogramm (FKP), vorerst im Zaum gehalten wurden (vgl. Czada 1995). Dies allerdings nur um den Preis einer im Grunde systemfremden Ausweitung der Bundesergänzungszuweisungen, die nun - im Gegensatz zu ihrer peripheren Stellung in der verfassungsrechtlichen Systematik des Finanzausgleichs (Art. 107 Abs. 1 Satz 4 GG) - für die Finanzausstattung der ostdeutschen Länder von elementarer Bedeutung sind.

Die größten Handlungsspielräume bei der Neugestaltung der ostdeutschen Verwaltungslandschaft bestanden zweifellos im Bereich der Verwaltungs*organisation*. Die organisatorische Dimension ist seit jeher gewissermaßen das 'Spielbein' deutscher Verwaltungspolitik. Die Heterogenität und Fragmentierung der deutschen Verwaltungsorganisation legt hiervon Zeugnis ab. Im Hinblick auf ihre Differenzierung in der vertikalen und in der horizontalen Achse weist die deutsche Verwaltung traditionell ein breites Repertoire an Gestaltungsoptionen auf. Ob es einen zwei- oder dreistufigen Verwaltungsaufbau geben, ob die allgemeine gegenüber der Sonderverwaltung bevorzugt werden soll oder umgekehrt, in welchem Umfang von Körperschaften, Anstalten und Stiftungen des öffentlichen Rechts als Formen der mittelbaren Staatsverwaltung oder gar von privaten Trägern öffentlicher Aufgaben Gebrauch gemacht wird - all dies fällt in die klassische Kompetenz der Organisationsgewalt von Bund, Ländern und Gemeinden (mit deutlichem Schwerpunkt bei den Ländern), für die es kaum normative Bindungen und in nur sehr begrenztem Umfang prinzipielle verwaltungspolitische Festlegungen gibt.

Tatsächlich hat sich der Bereich der Verwaltungsorganisation in den ostdeutschen Bundesländern als der dynamischste Bereich der Neugestaltung erwiesen. Dies hat nicht in erster Linie etwas mit objektiven Anpassungserfordernissen zu tun. Diese waren sicher, um das wichtigste Gegenbeispiel zu nennen, im Bereich der Finanzverfassung ausgeprägter als im Bereich der Verwaltungsorganisation (wo die Anpassungsnotwendigkeiten vor allem in der territorialen Dimension angesiedelt waren und sind). Vielmehr sind es die tatsächlichen Anpassungsspielräume, also das tatsächliche Entscheidungsrepertoire der verwaltungsgestaltenden Akteure, die die

Dynamik in der organisatorischen Dimension der Verwaltung Ostdeutschlands erklären.

Dies führt uns zu der angekündigten Anschlußfrage: Wie werden die verwaltungspolitischen Handlungsspielräume ausgefüllt? Genauer gefragt: Welche Faktoren sind dafür maßgeblich, daß aus einem Handlungsspielraum eine Handlungsoption wird? Damit sind wir bei den Akteuren.

2.2 Personen und Ideen ■

Der Begriff des "Handlungsspielraums" stimuliert im allgemeinen positive Assoziationen. Über Handlungsspielraum, also über eine Auswahl unter Alternativen zu verfügen, erscheint uns ungleich erstrebenswerter als der unerquickliche Zustand der Alternativlosigkeit. Dies ist aber - im doppelten Sinne des Wortes - eine idealistische Betrachtungsweise. Die Existenz von Handlungsspielräumen erzeugt zunächst einen Zustand der Unsicherheit und dies ist durchaus das Gegenteil von dem, was wir normalerweise für erstrebenswert halten.

Daher verweist die verhaltenswissenschaftliche Organisationstheorie seit langem darauf, daß die Unsicherheit offener Entscheidungssituationen reduziert wird durch das, was sich Menschen über eine halbwegs angemessene Entscheidung in den Kopf gesetzt haben (vgl. Simon 1957: 79-109). Die Vereinfachung rührt daher, daß es nach Herbert Simon streng genommen zwei Mechanismen der Unsicherheitsreduktion sind, die eine Rolle spielen, nämlich organisatorische Standardprozeduren *(standard operating procedures)* und Werte, Ideen etc. Zu den *standard operating procedures* gehören etwa die strukturellen Festlegungen, die den Handlungsspielraum bei der Neugestaltung der ostdeutschen Verwaltung in den Dimensionen Personal, Recht und Finanzen stark reduzieren. Hier wäre offensichtlich mit noch so phantasievollen Neugestaltungsideen wenig auszurichten.

Genau anders verhält es sich in der organisatorischen Dimension. Hier sind die Gestaltungsvorgaben zwar vorhanden, sie sind jedoch nur schwach standardisiert. Um so größer ist die Bedeutung von Gestaltungsideen. Tatsächlich hat es bei allen verwaltungsorganisatorischen Gestaltungsprozessen in den ostdeutschen Bundesländer seit 1990 zu Beginn solche *Ideen* gegeben, deren wesentliche Funktion die Reduktion von Entscheidungsunsicherheit war.

Verwaltungspolitische Ideen entstehen nicht aus dem Nichts, sie haben ihre personellen Träger, und diese wiederum haben ihre Erfahrungen und Loyalitäten und vielleicht auch ein wenig Experimentierfreude. Gänzlich wird man jedenfalls verwaltungspolitische Ideen nicht auf den Status einer abhängigen Variable reduzieren können und dies ist, jedenfalls für unsere Zwecke, auch gar nicht erforderlich (es wäre Gegenstand der Wissenssoziologie). Maßgeblich für unseren Zusammenhang ist vielmehr die Hypothese, daß verwaltungspolitische Ideen in der Tat den Status unabhängiger Variablen haben können, daß wir jedenfalls bei der Erklärung verwaltungspolitischer Gestaltungsprozesse zu plausiblen Ergebnissen gelangen, wenn wir 'Ideen' diesen relativ eigenständigen Status als Determinanten verwaltungspolitischer Prozeßverläufe zuschreiben.

Was die Wirkung von Ideen in politischen Prozessen im allgemeinen betrifft, so wird in der einschlägigen Theorie zwischen Prinzipien (*principled beliefs*) und Umsetzungsideen (*causal beliefs*) unterschieden (Goldstein/Keohane 1993). Damit ist folgendes gemeint: In jedem Politikfeld ist das Verhalten der Akteure durch bestimmte Grundannahmen über das Gute, Angemessene, Richtige etc. gesteuert. Diese Grundannahmen stehen im allgemeinen politischen Diskurs erst gar nicht zur Diskussion, was jedoch überhaupt nicht heißt, daß sie grundsätzlich alternativlos wären. Beispiele für solche politikfeldspezifischen Grundannahmen oder "Prinzipien" sind in Deutschland etwa das Generationenvertragsprinzip bei der Rentenversicherung, das Bündnisprinzip der Außen- und Sicherheitspolitik, das Staatsferneprinzip bei der Ausgestaltung des öffentlich-rechtlichen Rundfunkwesens, das Verursacherprinzip in der Umweltpolitik und dergleichen mehr.

Unter der Ebene dieser "Prinzipien" sind die Umsetzungsideen angesiedelt. Hierbei handelt es sich in der Regel um Operationalisierungen der leitenden politischen "Prinzipien", dies muß jedoch nicht notwendigerweise so sein. Umsetzungsideen können, ja müssen gegebenenfalls gerade auch dort existieren, wo es an leitenden politischen Prinzipien fehlt (z.B., weil "die Politik" angesichts einer heiklen Kompromißlage zur Formulierung klarer Prinzipien nicht in der Lage ist). Es sind sogar Ausnahmefälle denkbar, in denen sich "Prinzipien" und Umsetzungsideen widersprechen. Dies kann dann geschehen, wenn die politische Leitungsebene keine hohe Durchsetzungskraft besitzt, wenn die "Prinzipien" sehr vage formuliert sind, oder wenn der betreffende Politikbereich trotz klar formulierter "Prinzipien" keine große politische Aufmerksamkeit der politischen Führung bzw. des allgemeinen Publikums genießt.

Diese Zweiteilung von *Prinzipien* und *Umsetzungsideen* kennzeichnet auch Verwaltungspolitik. Allerdings haben wir es hier angesichts der starken Dezentralisierung und Fragmentierung des deutschen Verwaltungsaufbaus nur in sehr geringem Umfang mit bundeseinheitlichen "Prinzipien" zu tun. Beispiele für solche bundeseinheitlichen verwaltungspolitischen Prinzipien sind die verfassungsmäßigen Garantien der bundesstaatlichen Gliederung und der kommunalen Selbstverwaltung in den Artikeln 28, 30 und 79 GG. Ansonsten aber treffen wir von Bundesland zu Bundesland unterschiedliche verwaltungspolitische Prinzipien an. Außerdem kann man gerade aufgrund dieser Heterogenität im verwaltungspolitischen Bereich nicht auf ähnlich stark ausgeprägte Prinzipien-Konsense rechnen, wie wir sie in Deutschland zum Beispiel in den bundespolitischen Feldern der Außen- und Sicherheitspolitik oder der Rentenpolitik haben. Im Bereich der Verwaltungspolitik haben wir es auf der Ebene der "Prinzipien" eher mit allgemeinen Festlegungen einer Landesregierung oder auch einer Stadt- bzw. Großstadtregierung zu tun, die politisch durchaus umstritten sein kann, was an ihrem Verpflichtungsgehalt für die leitende Verwaltungsebene jedoch zunächst nichts ändert. Geläufige Beispiele für solche verwaltungspolitischen Festlegungen ("Prinzipien") sind etwa das Prinzip der Dezentralisierung, das Prinzip des Vorrangs der allgemeinen vor der Sonderverwaltung oder das Prinzip der Strukturförderung des ländlichen Raumes durch Verwaltungsstandortpolitik.

Solche verwaltungspolitischen Prinzipien sollen im folgenden als *Leitideen* bezeichnet werden. Die Träger dieser Leitideen sind typischerweise eine Landesregierung (oder Stadt- bzw. Großstadtregierung) und die sie tragenden politischen Kräfte.

Von den "Prinzipien" sind, wie gesagt, die Umsetzungsideen zu unterscheiden, denen in der verwaltungspolitischen Praxis die entscheidende Bedeutung zukommt. Träger dieser Umsetzungsideen sind typischerweise Nicht-Politiker, in der Regel leitende Verwaltungsbeamte und ihre Berater. Diese Umsetzungsideen sollen im verwaltungspolitischen Kontext im folgenden als *Gestaltungsoptionen* bezeichnet werden. Die Träger der Gestaltungsoptionen nennen wir der Einfachheit halber *Experten*.[1] Beispiele für typische Gestaltungsoptionen verwaltungspolitischer Experten wären etwa die Option für einen Verzicht auf die Mittelinstanz und einen zweistufigen Verwaltungsaufbau, die Option "kein Kreissitz in kreisfreie Städte" oder die Option der Kommunalisierung unterer staatlicher Verwaltungsbehörden.

Die Experten mit ihren Optionen bilden gewissermaßen die Kerntruppe verwaltungspolitischer Gestaltungsprozesse. Ihr Verhältnis zur politischen Leitungsebene und zur politischen Umwelt im allgemeinen kann erheblich

---

1 Mit diesen Experten sind die im einschlägigen politikwissenschaftlichen Jargon so bezeichneten *Epistemic Communities* gemeint. Dies sind auf Expertenwissen basierende Ideengemeinschaften, die gemeinsame Ziele verfolgen. Vgl. Haas 1992, Risse-Kappen 1994.

Abb. 1: Typen verwaltungspolitischer Ideen und ihrer Träger

Grundtypus	Verwaltungspolitische Variante	personelle Träger
Prinzipien *(principled beliefs)*	*Leitideen* Beispiele: Dezentralisierung; Vorrang der Allgemeinen vor der Sonderverwaltung; Strukturförderung des ländlichen Raumes.	Politiker
Umsetzungsideen *(causal beliefs)*	*Gestaltungsoptionen* Beispiele: Zweistufiger Verwaltungsaufbau/Verzicht auf Mittelinstanz; kein Kreissitz in Kreisfreien Städten; Kommunalisierung unterer staatlicher Verwaltungsbehörden.	Experten *(Epistemic communities)*

variieren. Es ist denkbar, daß ein Minister selbst zu dieser Kerntruppe zählt, wenn er ein verwaltungspolitisches Projekt zur "Chefsache" macht. Dies bleibt jedoch ein Ausnahmefall. In der Regel ist die Ebene der Experten mit ihren Gestaltungsoptionen von der Ebene der Politiker mit ihren mehr oder weniger klar konzipierten verwaltungspolitischen Leitideen erkennbar geschieden. Dies ist eine wichtige Feststellung, weil sich im Verhältnis von Leitideen und Gestaltungsoptionen ebenfalls eine erhebliche Bandbreite an Variationen herausbilden kann. Es wurde bereits betont, daß die Gestaltungsoptionen der Experten keineswegs immer eine bloße Operationalisierung der Leitideen von Politikern sind. Dies würde mitunter nämlich zu verwaltungspolitischer Stagnation führen (was empirisch auch zweifellos vorkommt), aber mit dem deutschen Muster von "Verwaltungspolitik" würde es kaum übereinstimmen. Tatsächlich zeichnet sich die deutsche Verwaltung durch ein hohes Selbststeuerungspotential aus, ohne daß zum Beispiel ihre stabilisierende Wirkung über die zahlreichen politischen Regimewechsel und Regimezusammenbrüche allein des 20. Jahrhunderts hinweg nicht zu erklären wären (vgl. Seibel 1996). Die Kerntruppe der Experten und ihrer Optionen bildet daher vernünftigerweise den Ausgangspunkt einer Analyse verwaltungspolitischer Gestaltungsprozesse.

2.3 Erfolg und Mißerfolg verwaltungspolitischer Gestaltungsoptionen

Was die empirischen Voraussetzungen einer solchen Analyse betrifft, erweist sich nun die Wiedervereinigung und der durch sie ausgelöste Neubau der Verwaltung in den ostdeutschen Bundesländern in der Tat als ein besonders forschungsfreundliches Großexperiment. Die verwaltungspolitischen Leitideen und Gestaltungsoptionen und deren personelle Träger sind relativ leicht zu identifizieren, und die organisatorischen Gestaltungsprozesse, die den engeren Gegenstand unserer Betrachtung bilden, laufen unter äußeren Bedingungen ab, die sich im großen und ganzen ähneln. Überall im Osten mußte im Herbst 1990 mit dem Aufbau von Landesverwaltungen begonnen werden, überall geht es seitdem um die Aufgabenabgrenzung und nicht zuletzt auch um die Vermögenszuweisung zwischen Landesverwaltung und Kommunalverwaltung, überall geschah dies unter Initiative und Leitung neuer politischer und administrativer Eliten, überall wurde das Verfassungs- und Rechtssystem der westdeutschen Bundesrepublik in zwei wichtigen Schüben (nach dem 1. Juli und nach dem 3. Oktober 1990) abrupt in Kraft gesetzt, und nicht zuletzt geschah dies überall unter den Bedingungen einer zusammenbrechenden Industrieproduktion mit den entsprechenden sozialen und politischen Kosten.

So viel Ähnlichkeit bei so vielen potentiellen Untersuchungseinheiten bietet nahezu ideale Voraussetzungen für die vergleichende Untersuchung der Bedingungen erfolgreicher Verwaltungspolitik. Wir wählen hier eine bescheidene Definition von "Erfolg", nicht allein der Einfachheit, sondern auch der methodischen Klarheit wegen. Es geht nicht um "gute" oder "schlechte" verwaltungspolitische Lösungen, sondern um die Frage, warum sich bestimmte Expertengruppen mit ihren Gestaltungsoptionen durchgesetzt haben, andere hingegen nicht. Genau darin besteht der Lerneffekt, den uns die Erfahrung mit dem Neubau der Verwaltung in den ostdeutschen Bundesländern bieten kann. Natürlich gibt es auch darüber hinausreichende Erkenntnisse, die bei einer solchen Betrachtung am Rande abfallen. Tatsächlich wurden im Osten nach 1990 bei der Gebietsreform westdeutsche Fehler der 1970er Jahre vermieden. Oder man hat in der Umweltverwaltung die Chance ergriffen, die Zuständigkeit für die verschiedenen Umweltmedien so zu bündeln, wie es in Westdeutschland wegen der späten Entstehung der Umweltverwaltung und der verfestigten Kompetenzbesitzstände faktisch nicht möglich war. Aber auch diese Lerneffekte, die die Verwaltungswirklichkeit der ostdeutschen Bundesländer anbietet, wären ohne hinreichendes Verständnis der zugrundeliegenden praktischen Gestaltungsprozesse kaum verwertbar, weil sie lediglich Wissen repräsentieren, über das wenigstens die Insider ohnehin seit langem verfügen. Das Geheimnis liegt, um ein Beispiel zu nennen, schließlich nicht in den Dysfunktionen der westdeutschen Gebiets- und Funktionalreformen der 1970er Jahre, sondern in der Frage, wie man diese wirklich hätte vermeiden können, ohne die Reformen schlicht zu unterlassen. Solche Fragen lassen sich nur realistisch beantworten, wenn man die tatsächlichen verwaltungspolitischen Gestaltungsprozesse möglichst genau rekonstruiert.

3. Erfolgreiche und erfolglose Verwaltungspolitik: Kreisreform, Umweltverwaltung, Treuhandanstalt

Warum setzen sich also bestimmte Expertengruppen mit ihren verwaltungspolitischen Gestaltungsoptionen durch, andere hingegen nicht? Dieser Frage gehen wir im folgenden nach anhand von drei Fällen mit jeweils zwei Unterfällen, der Kreisreform, dem Aufbau der Umweltverwaltung und der organisatorischen Entwicklung der Treuhandanstalt. Die Fälle sind so gewählt, daß man etwas daraus lernen kann. Zunächst haben wir drei Fälle erfolgreicher und drei Fälle erfolgloser verwaltungspolitischer Gestaltungsversuche herangezogen. Bei der Kreisreform in Brandenburg, beim Aufbau der Umweltverwaltung in Sachsen und beim Aufbau der Treuhandanstalt im Jahre 1990 war die Kerntruppe der Experten mit ihren Gestaltungsoptionen erfolgreich. Zu fragen ist, was die Bedingungen dieses Erfolgs waren. Bei der Kreisreform in Sachsen hingegen, ebenso wie beim Aufbau der Umweltverwaltung in Brandenburg und bei der Auflösung der Treuhandanstalt im Jahre 1994 sind die Experten mit ihren Konzepten gescheitert. Hier erst recht muß die Frage lauten, woran es gelegen hat.

Bevor die Fälle näher dargestellt werden, sollen zunächst ihre wichtigsten Gemeinsamkeiten und Unterschiede erläutert werden. Dies macht auch deutlich, daß es sich um absolut "normale" Fälle handelt, weil die organisatorischen Gestaltungsprobleme sozusagen auf der Hand lagen, und sowohl die von den Politikern vorgegebenen verwaltungspolitischen Leitideen, als auch die von den Experten entwickelten Gestaltungsoptionen gut nachvollziehbar sind.

Allen Fällen ist gemeinsam, daß westdeutsche Muster *kein* Vorbild für die Kerntruppe der Experten waren, wenn auch aus unterschiedlichen Gründen.

Am offensichtlichsten ist dies im Fall der Treuhandanstalt, für die eben keine westdeutsche Parallelinstitution gab. Hier spielte ein westdeutsches Muster zwar bei der angestrebten (und gescheiterten) Auflösung der Treuhandanstalt eine Rolle, jedoch auf sehr abstrakter Ebene als Prinzip der Angleichung von Kompetenzstrukturen an die westdeutsche Normalverfassung des Föderalismus und der kommunalen Selbstverwaltung. Aber die Auflösung einer zentralistischen Wirtschaftsverwaltungsstruktur war das in der Tat vorbildlose historische Experiment, das, wie festgehalten werden muß, vorläufig noch zu keinem glücklichen Abschluß geführt werden konnte.

Im Fall der Umweltverwaltung konnten die westdeutschen Verhältnisse deshalb kein Muster abgeben, weil diese nach dem Urteil der Fachwelt und der Praktiker kaum irgendwo vorbildlich sind. Die Umweltverwaltung ist gewissermaßen mit dem Makel der späten Geburt behaftet. Als sie schrittweise seit den späten 1970er Jahren entstand (der Fachterminus "Umweltverwaltung" hat sich überhaupt erst in der zweiten Hälfte der 1980er Jahre etabliert), mußte sie gefestigten Kompetenzstrukturen aufgepfropft werden. Kernproblem der Umweltverwaltung im Westen war und ist daher die Zersplitterung von Kompetenzen in Abhängigkeit von den Umweltmedien Luft, Wasser, Boden und Abfall. Hieraus hat sich in Westdeutschland eine bunte Vollzugsstruktur entwickelt, deren relative Ineffizienz in den ostdeutschen Bundesländer kaum zur Nachahmung einladen konnte.

Bei der Kreisreform schließlich war man sich der 'Sünden der Vergangenheit' bewußt. Im Westen Deutschlands waren die Gebietsreformen der 1970er Jahre eine erfolgreiche, aber in vieler Hinsicht auch traumatische Reform gewesen. So wenig ein Zweifel daran bestehen konnte, daß die kleinräumigen territorialen Verwaltungsstrukturen der DDR - sie entsprachen in etwa den westdeutschen Verhältnissen vor 1970 - keinen Bestand haben konnten, so wenig sollten doch die Fehler der 1970er Jahre im Osten wiederholt werden. Dies galt übrigens mehr noch als für die hier ausschließlich betrachteten Kreise für die Territorialstruktur der Gemeindeverwaltungen. In den Kreisen aber sollte nach dem Konsens der Experten vor allem die Stadt-Umland-Problematik besser als im Westen gelöst werden. Außerdem sollten die im Osten noch vielmehr als im Westen mit Händen zu greifenden Entwicklungsprobleme des ländlichen Raumes durch eine gegensteuernde Verwaltungsstandortpolitik gemildert werden. Dies betraf namentlich die Problematik der künftigen Kreissitze, bei denen zumindest in Brandenburg bereits von Anfang an klar war, daß von ihnen Entwicklungsimpulse nur ausgehen könnten, wenn sie nicht in den ohnehin privilegierten kreisfreien Städten angesiedelt sein würden.

Damit sind wir bei den Gestaltungsoptionen. Sie haben sich in allen sechs Fällen, die wir im folgenden näher betrachten, gewissermaßen aus der Natur der Sache ergeben. Beim Aufbau der Treuhandanstalt im Jahre 1990 ging es um die möglichst schnelle Sicherung funktionsfähiger Informations- und Koordinationsstrukturen für einen für westliche Verhältnisse gigantischen staatlichen Industriebesitz, der nach der Währungsunion vom 1. Juli 1990 wirtschaftlich vollends zusammenzubrechen drohte. Der daraus resultierende Handlungszwang führte zum Aufbau einer starken Zentralbehörde, die in ihren Kernstrukturen allerdings nichts anderes darstellte als eine Nachfolgeinstitution der DDR-Wirtschaftsverwaltung. Daraus wiederum folgte geradezu zwingend die nächste Gestaltungsoption, nämlich die einer Angleichung der zentralistischen Treuhandstrukturen an den westdeutschen Standard von Landeskompetenzen und kommunaler Selbstverwaltung.

Ähnlich plausibel die Gestaltungsansätze bei der Umweltverwaltung: Sowohl in Brandenburg als auch in Sachsen richtete sich die Option der Experten auf eine Kompetenzbündelung für die verschiedenen Umweltmedien, nach Möglichkeit bei unteren staatlichen Verwaltungsbehörden. Dies sollte in einem Fall, nämlich in Sachsen, weitgehend gelingen, im anderen Fall, nämlich in Brandenburg, jedoch weitgehend scheitern.

Auch bei der Kreisverwaltung ähnelten sich die Reformkonzepte der Experten in den hier betrachteten Bundesländern Brandenburg und Sachsen. Es war klar, daß das Ballungsraumproblem - in Brandenburg naturgemäß vor allem das Berliner Problem - nur durch die Auflösung bzw. Verhinderung von "Kragenkreisen" und die Schaffung sogenannter Sektoralkreise gelöst werden könnte. Die Kreissitze sollten - in Brandenburg bereits im ersten Vorschlag der "Unabhängigen Arbeitsgruppe", in Sachsen im Gesetzentwurf der Staatsregierung - in kreisangehörige Städte gelegt werden.

Grundsätzlich ähnlich gelagert waren die Verhältnisse auch auf der Ebene der verwaltungspolitischen Leitideen, jedoch nicht in inhaltlicher, sondern struktureller Hinsicht. Hier ist es wichtig, sich noch einmal den Unterschied zwischen "Leitideen" und "Gestaltungsoptionen" vor Augen zu halten. Die Gestaltungsoptionen sind Expertensache, sie werden unter Ausschluß der Öffentlichkeit auf der Basis eines Fachkonsenses entwickelt. Die verwaltungspolitischen Leitideen hingegen werden von Politikern entwickelt, und sie müssen von ihnen auch politisch vertreten werden. Bei den Leitideen spielt also die Legitimation vor dem breiten Publikum ganz unmittelbar eine Rolle, während das Legitimationsproblem für die Kerntruppe der Experten mit ihren Gestaltungsoptionen nur eines unter mehreren Beeinflussungsfaktoren ist.

Die Legitimationskulisse, vor der sich die Leitideen entwickeln und bewähren müssen, ist grundsätzlich zweidimensional. Zum einen geht es um Effizienzwerte, zum anderen um Demokratiewerte. Politiker können eine verwaltungsorganisatorische Lösung vorzugsweise in der einen oder in der anderen Dimension rechtfertigen, in der Regel werden sie aber je nach den Umständen bei ihren Begründungen nicht wählerisch sein. Gleichwohl können wir feststellen, daß es in jedem der von uns näher betrachteten Bundesländer Brandenburg und Sachsen ein dominierendes Legitimationsmuster gegeben hat. In Brandenburg dominierten über alle Kontrollvariablen hinweg (zu diesen Kontrollvariablen gehörte die Parteizugehörigkeit, die Zugehörigkeit zu Regierung oder Parlament, zur Regierungsfraktion oder Oppositionsfraktion und schließlich das jeweilige verwaltungspolitische Thema) effizientorientierte Begründungsmuster, während in Sachsen demokratieorientierte Begründungsmuster vorherrschten.[1] Bei der organisatorischen Gestaltung der Treuhandanstalt wechselten die Legitimationsmuster. Beim Aufbau im Jahre 1990 dominierten Effizienzargumente, bei der Auflösung Demokratieargumente (nämlich die Angleichung an das westdeutsche Muster von Landeskompetenzen und kommunaler Selbstverwaltung).

Im folgenden werden nun zunächst sechs Geschichten erzählt. Es soll rekonstruiert werden, wie die Kreisreform und der Aufbau der Umweltverwaltung in etwa wirklich abgelaufen sind und was sich beim Aufbau und bei den Bemühungen um die Auflösung der Treuhandanstalt abgespielt hat.

■ 3.1 Erste Geschichte: Kreisreform in Brandenburg – oder: Verwaltungpolitischer Jakobinismus

Das Ausgangsproblem ist bekannt: Die territorialen Verwaltungsstrukturen auf der kommunalen Ebene waren in der DDR wesentlich kleinräumiger als in der westdeutschen Bundesrepublik. Die Ausdehnung der Gemeindegemarkungen und der Landkreise entsprach, wir haben es bereits erwähnt, etwa denen in der Bundesrepublik vor der Gebietsreform der 1970er Jahre. Es gab daher schon ab Herbst 1990 einen fachlichen und politischen Konsens, daß die territorialen Verwaltungsstrukturen der kommunalen Ebene in Ostdeutschland denen in Westdeutschland in etwa angeglichen werden müßten, wenn eine ausreichende Verwaltungskraft zur Erledigung der gesetzlichen und freiwilligen Aufgaben und zur Gewährleistung einer funktionsfähigen kommunalen Selbstverwaltung erreicht werden sollte.

In Brandenburg hatte sich die dort seit dem Spätherbst 1990 regierende "Ampelkoalition" (SPD, FDP, Bündnis 90) auf verwaltungspolitische Reformkriterien festgelegt, an denen die Landesregierung in der Folge konsequent festhielt. Der Aufbau der Landesverwaltung sollte zweistufig sein, also auf eine allgemeine Mittelinstanz verzichten. Maßgeblich war die Leitidee der Dezentralisierung. Auf der unteren Verwaltungsebene sollte

---

[1] Diese Angaben stützen sich auf die Untersuchung von Stephanie Reulen (1994). Erhebungseinheit waren 484 verwaltungspolitische Redebeiträge in den Landtagen von Brandenburg und Sachsen im Zeitraum von November 1990 bis Dezember 1993. Siehe dazu die Dokumentation im Anhang.

der Vorrang der allgemeinen Verwaltung gelten, die Zahl staatlicher Sonderbehörden sollte auf das absolut Unerläßliche reduziert bleiben. Ferner sollte die Stadt Berlin durch Sektoralkreise umgeben werden. Dies bedeutet territoriale Kreiszuschnitte, die sternförmig nach dem Muster von "Tortenstücken" an der Stadtgrenze Berlins ansetzen und weit in den ländlichen Raum hineinreichen, im Osten bis an die polnische Grenze. Diese Grundsätze wurden niedergelegt in einem Papier, das als "Vorschlag des Ministeriums des Innern für eine Kreisgebietsreform im Lande Brandenburg" im April 1991 herausgegeben wurde.

Eine Gebietsreform auf Gemeindeebene wurde in Brandenburg mit Kabinettsbeschluß vom 29.1.1991 abgelehnt. Dabei spielte vor allem eine Rolle, daß man die Kommunalverwaltungen auf der Gemeindeebene kurze Zeit nach den ersten freien Kommunalwahlen in der noch existierenden DDR (die am 6. Mai 1990 stattgefunden hatten) nicht schon wieder in Turbulenzen stürzen wollte. Jedenfalls sollte die Durchführung einer Kreisgebietsreform den zeitlichen Vorrang auch vor nicht-territorialen Formen der Gemeindereform erhalten.[2]

Maßgeblich auf die Initiative des Beraters Heinz Köstering aus Nordrhein-Westfalen (ein pensionierter Ministerialbeamter und alter Fahrensmann der Gebiets- und Funktionalreform in seinem Bundesland) wurde in Brandenburg dann doch der Gemeindereform der Vorrang vor der Kreisreform gegeben. Die Reform sollte nun "von unten nach oben" durchgeführt werden. Politisch wurden beide Reformen, Gemeindereform und Kreisreform, dadurch forciert, daß sie sowohl für den Innenminister als auch für den Koalitionsausschuß (ein informelles Gremium der Koalitionsspitzen) hohe Priorität besaßen. Der Koalitionsausschuß beschloß bereits im April 1991, sowohl die Gemeindereform als auch die Kreisreform in Jahre 1992 abzuschließen, im selben Jahr vorzeitige Kommunalwahlen durchzuführen (die dann jedoch erst im Dezember 1993 stattfinden sollten) und im übrigen einen zweistufigen Verwaltungsaufbau zügig zu realisieren (Berliner Morgenpost, 6.4.1991; Märkische Allgemeine Zeitung, 6.4.1991). Vor allem mit dem Zeitplan für die vorgezogenen Neuwahlen hatten sich die kleineren Koalitionspartner FDP und Bündnis 90 gegen die SPD und den Innenminister durchgesetzt, die die Kommunalwahlen gerne nach Ablauf der regulären Legislaturperiode durchgeführt hätten (Berliner Morgenpost, 6.4.1991).

---

2 Die Angaben über empirische Sachverhalte in diesem Abschnitt stützen sich auf die Arbeiten von Stephanie Reulen (1994) und Albrecht Frenzel (1995). Zum hier referierten Stand der Willensbildung in Landesregierung und Regierungsparteien vgl. Landtag Brandenburg, Plenarprotokoll vom 20.2.1991.

Die verwaltungspolitische Leitidee für Brandenburg war also klar: Dezentralisierung, zweistufiger Verwaltungsaufbau, Vorrang der allgemeinen vor der Sonderverwaltung. Für einzelne Gestaltungsoptionen in Verbindung mit dieser Leitidee konnten sowohl Effizienz- als auch Integrationsargumente ins Feld geführt werden. Für einen zweistufigen Verwaltungsaufbau ohne allgemeine Mittelinstanz wurde vor allem mit dem Hinweis geworben, daß die Mittelinstanz nur die früheren DDR-Bezirksverwaltungen fortschreiben würde. Gleichzeitig konnte der Verzicht auf eine Mittelinstanz als Rationalisierung der Verwaltung gerechtfertigt werden.

Sowohl im Hinblick auf ihre Präzision als auch im Hinblick auf ihre stabile politische Absicherung waren die verwaltungspolitischen Leitideen in Brandenburg verbindliche Determinanten für die verwaltungsorganisatorischen Gestaltungsoptionen, wie sie die Kerntruppe der Experten zu erarbeiten hatte. Überhaupt war die Verzahnung zwischen den eigentlich politischen und den im engeren Sinne fachlichen Entscheidungszirkeln in der brandenburgischen Verwaltungspolitik sehr eng. Trotzdem bleibt der hohe Verbindlichkeitsgrad bereits der Leitideen im Fall der brandenburgischen Kreisreform als eine unabhängige Variable festzuhalten (die Bedeutung dieser Tatsache wird vor allem im Vergleich mit der sächsischen Kreisreform deutlich werden).

Mit der Leitidee der Zweistufigkeit und dem eng getakteten Schaltplan für die Abwicklung zunächst der Gemeindereform und dann der Kreisreform hatten sich die Landesregierung und die sie tragenden Parteien unter einen beträchtlichen Handlungsdruck gesetzt. Sachzwänge kumulierten mit Zeitzwängen. Dies war eine durchaus prekäre Situation (sie zeichnete sich im Sommer des Jahres 1991 ab), und es ist interessant zu beobachten, wie die maßgeblichen politischen Kräfte in Brandenburg mit ihr umgegangen sind (vgl. dazu Frenzel 1995: 27-64).

Der Verzicht auf die Mittelinstanz verstärkte den Zwang zur Bildung großer Kreise. Dies bedeutete, daß weit mehr als die Hälfte der bestehenden Kreise aufgelöst werden mußten. Dies ließ erhebliche Widerstände in den betroffenen Landkreisen befürchten. Die Festlegung auf Sektoralkreise um Berlin bedeutete einen weiteren faktischen Eingriff der Landesregierung in die Entscheidungsautonomie der kommunalen Selbstverwaltungsorgane auf Kreisebene (um sich das zu vergegenwärtigen, braucht man diese Konstellation nur gedanklich auf einen beliebigen westdeutschen Flächenstaat mit selbstbewußten Landräten zu übertragen).

Im April 1991 legte das brandenburgische Innenministerium selbst einen Vorschlag für die Kreisgebietsreform vor ("Vorschlag des Ministeriums des Innern für eine Kreisreform im Lande Brandenburg"), der die Reduzierung der Zahl der Landkreise von 38 auf 13 vorsah und die Bildung von drei kreisfreien Städten (Potsdam, Cottbus und Frankfurt/Oder). Dieser Vorschlag bildete die Grundlage für die Beratung einer "Unabhängigen Arbeitsgruppe Kreisgebietsreform", der ein gutes Dutzend Personen angehörten, mehrheitlich Vertreter der Landesministerien aus Brandenburg und aus Nordrhein-Westfalen, ferner ein Vertreter der Evangelischen Kirche und ein Stadtverordnetenvorsteher. Diese Arbeitsgruppe bildete also die Kerntruppe von Experten, deren verwaltungsorganisatorische Gestaltungsoptionen für den weiteren Reformprozeß maßgeblich sein sollten. Die Arbeitsgruppe legte im November 1991 ein Neugliederungskonzept vor ("Vorschlag der Unabhängigen Arbeitsgruppe Kreisgebietsreform"), das sich mit der ursprünglichen Vorlage des Innenministeriums vom April des gleichen Jahres zwar durchaus noch hinsichtlich der Reformprinzipien, jedoch kaum noch im Detail deckte. Die "Unabhängige Arbeitsgruppe" empfahl nun sieben statt, wie im Vorschlag des Innenministeriums vom April 1991 noch vorgesehen, fünf Sektoralkreise um Berlin. Ferner sollte außer Cottbus, Frankfurt/Oder und Potsdam auch die Stadt Brandenburg als Oberzentrum und damit als kreisfrei ausgewiesen werden (vgl. Frenzel 1995: 37-40)[3]. Dies lief auf eine ungefähre Mindesteinwohnerzahl für die Landkreise von 150.000 hinaus, in dünnbesiedelten Gebieten konnten es auch 120.000 Einwohner sein.

Die entscheidenden materiellen Fragen der Kreisgebietsreform waren naturgemäß, welche Kreise zu den neuen Großkreisen zusammengelegt werden sollten (auf Kreisteilungen sollte verzichtet werden) und wo der neue Kreissitz liegen würde. Auch in diesen Fragen gab es in der "Unabhängigen Arbeitsgruppe" klare Zielvorstellungen, bei denen freilich fraglich war, inwieweit diese bei den unmittelbar Betroffenen, also bei den Landkreisen und größeren Städten, auf Akzeptanz stoßen würden. So war man sich in der Arbeitsgruppe einig, daß das Privileg der Kreisfreiheit zweifelsfrei Oberzentren vorbehalten bleiben sollte. Zwei weitere Reformprinzipien wurden bereits erwähnt: Die Bildung von Sektoralkreisen und die Verlagerung des Kreissitzes in eine kreisangehörige Stadt mit eigenem Entwicklungspotential gegenüber der Sogwirkung Berlins.

Angesichts dieser klaren Vorstellungen bei der Kerntruppe von Experten auf Landesebene - in der die Landkreise bezeichnenderweise nicht vertreten waren - verlagerten sich die weiteren Entscheidungsprobleme ins Taktische. Die Durchsetzung der Gestaltungsoptionen der Expertengruppe hatte potentiell zwei unsichere Flanken. Die eine Unsicherheit betraf die

---

3   Durch das "Vorschaltgesetz zum Landesplanungsgesetz und Landesentwicklungsprogramm für das Land Brandenburg" vom 6.12.1991 (GVBl. 43/1991: 616) wurde die Kreisfreiheit an den Status als Oberzentrum gekoppelt.

Unterstützung durch die Landesregierung und die sie tragenden Parteien, die andere die Reaktion der Landräte und Oberbürgermeister.

Die Landesregierung schloß sich den Vorstellungen der "Unabhängigen Arbeitsgruppe" mit einem Beschluß vom 10. März 1992 über die "Leitlinien zur Kreisgebietsreform" nahezu vollständig an. Die Zahl der vorgesehenen Landkreise wurde um einen auf vierzehn erhöht (acht statt sieben Sektoralkreise um Berlin), die Zusammenlegung der Landkreise zu neun Großkreisen wurde in vier Fällen geändert, der Vorschlag zur Bildung der kreisfreien Städte Brandenburg, Cottbus, Frankfurt/Oder und Potsdam wurde bestätigt.

Nach der Verabschiedung des Neugliederungskonzeptes durch die Landesregierung wurde der Entwurf Ende März 1992 an die Kreise und kreisfreien Städte mit der Bitte um Stellungnahme versandt. In dem sich daraus ergebenden Diskussionsprozeß stand von vornherein die Kreissitzproblematik im Vordergrund. Bis zum Sommer 1992 zeichnete sich ab, daß ein Versuch zur Einigung über die Kreissitze und damit zur Verabschiedung einer "Paketlösung" von Kreisneugliederung und Kreissitzfestsetzung in ein und demselben Gesetz die ehrgeizigen Zeitpläne der Landesregierung zum völligen Scheitern bringen würde. Der entscheidende Schachzug der Landesregierung bestand nun darin, die Regelungen des Gesetzentwurfes zur Neugliederung der Kreise und kreisfreien Städte auf die Neufestlegung der Kreisgrenzen zu beschränken. Im Hinblick auf die Kreissitzfestlegung aber folgte die Landesregierung einem Vorschlag, den der Geschäftsführer des brandenburgischen Landkreistages, Humpert, in einem Schreiben an den Innenminister vom 31.1.1992 unterbreitet hatte. Danach sollte es für die Kreiszusammenlegung eine Freiwilligkeitsphase für die Festlegung der Kreissitze und der neuen Kreisnamen geben. Nach "fruchtlosem Ablauf" dieser Frist sollte dann der Gesetzgeber "nach objektiven Kriterien" über Kreissitze und Kreisnamen entscheiden. Damit war der zentrale Konfliktpunkt der Kreissitzfrage, der das Gesamtvorhaben mit dem Scheitern bedrohte, vorerst ausgeklammert.

Das Vorgehen der Landesregierung wurde im weiteren Gesetzgebungsverfahren jedoch auch dadurch erleichtert, daß sich unter den potentiellen Opponenten in den Landkreisen und kreisfreien Städten keine geschlossene Front bildete. Bei einer Anhörung zum Gesetzentwurf der Landesregierung zur Neugliederung der Kreise und kreisfreien Städte (den diese am 30. September 1992 in den Landtag eingebracht hatte) waren die Stellungnahmen der Landkreise gespalten (vgl. im einzelnen Reulen 1994: 86-89).

In den nachfolgenden parlamentarischen Beratungen, die sowohl im Innenausschuß als auch in den Fraktionen geführt wurden, gab es zwar immer wieder Initiativen zu Detailänderungen am Gesetzentwurf, die sich im wesentlichen auf die Veränderung von Kreiszuordnungen bezogen (dies wird ausführlich geschildert bei Frenzel 1995: 47-59). Jedoch gingen die Meinungsunterschiede quer durch die Fraktionen, so daß sich ein nennenswertes Veto-Potential nicht entwickeln konnte. Bei den Einzelabstimmungen des Landtags über die neuen Kreisgrenzen im Dezember 1992 kam es von Fall zu Fall zu wechselnden Mehrheiten. Schließlich wurde der Gesetzentwurf der Landesregierung Ende des Jahres 1992 in nahezu unveränderter Form vom Landtag verabschiedet.

Nach diesem wichtigen Etappensieg nahm die Landesregierung auch die Regelung der Kreissitzfrage entschlossen in die Hand. Ein am 11. Februar 1993 eingebrachter Sammelentwurf von vierzehn Einzelgesetzen zur Bestimmung der Kreissitze (LT/Drs. 1/1653-1/1666 vom 5.2.1993) orientierte sich an vier bündigen Kriterien: Kreisfreie Städte sollten grundsätzlich nicht Sitz einer Landkreisverwaltung sein; den Kreissitz sollten nur Städte erhalten, die auch bisher schon Sitz einer Kreissitzverwaltung waren; bei der Kreissitzbestimmung sollten strukturschwache und dünnbesiedelte Gebiete bevorzugt werden; in den Sektoralkreisen um Berlin sollte der Kreissitz in ausreichender Entfernung von der Großstadt angesiedelt werden, um die Chancen für die Mobilisierung eigenständiger Entwicklungspotentiale zu erhöhen. Als Zusatzkriterien für die Festsetzung der Kreissitze wurden die Erreichbarkeit der Kreisverwaltungsbehörde, das Vorhandensein anderer Behörden, die Akzeptanz durch die betroffenen Kreise und schließlich Kostenfragen genannt.

Bei der parlamentarischen Beratung des Gesetzentwurfes kam es zwar zu vielfacher Einzelkritik, auch hier konnte sich jedoch keine Fronde bilden, weil durchweg Partikularinteressen der betroffenen Landkreise und ihrer Gemeinden vorgetragen wurden, während die Grundprinzipien der Landesregierung für die Kreissitzfestsetzung durchaus auf allgemeine Akzeptanz stießen. Zu einer Abweichung gegenüber dem Gesetzentwurf der Landesregierung kam es nur in einem Fall, nämlich bei der Festsetzung von Neuruppin als Kreissitz statt Wittstock (Landtag Brandenburg, Plenarprotokoll 1/66: 5130-5133). Mit der Verabschiedung der vierzehn Einzelgesetze zur Bestimmung des Kreissitzes am 31. März 1993 durch den Landtag war die Kreisreform in Brandenburg erfolgreich abgeschlossen. Sie trat mit den Kommunalwahlen vom 5. Dezember 1993 in Kraft.

3.2 Zweite Geschichte: Kreisreform in Sachsen – oder: Verwaltungspolitische Führungsschwäche

Im Unterschied zu Brandenburg gab es in Sachsen eine verwaltungspolitische Gestaltungskonzeption von gewisser Konsistenz lediglich auf der Ebene der Ministerialbürokratie. Eine "Leitidee" von operationaler Qualität (an der also konkrete Gestaltungsoptionen hätten anknüpfen können) sowie hinreichende politische Unterstützung durch die Landesregierung und der sie stützenden politischen Kraft, der mit absoluter Mehrheit regierenden CDU, fehlte hingegen. Damit ist der pathologische Kern des wenig vorbildlichen Verlaufs der sächsischen Kreisreform bereits benannt.

Die Kerntruppe der Experten, die sich nichtsdestotrotz um die Entwicklung von Gestaltungsoptionen für die Kreisreform bemühte, war in der Bürokratie des Innenministeriums angesiedelt. Hier folgte man ähnlichen Grundüberlegungen, wie sie in Brandenburg angestellt wurden, jedoch mit einigen nennenswerten Modifizierungen. So sollten die drei auf Beschluß der Staatsregierung seit dem 1. Januar 1991 bestehenden Regierungsbezirke Chemnitz, Dresden und Leipzig (die territorial mit den entsprechenden DDR-Bezirken identisch waren) bestehenbleiben. Als Begründung konnte angeführt werden, daß Sachsen als das bevölkerungsreichste der neuen Bundesländer damit dem Beispiel vergleichbarer westdeutscher Flächenländer folgte. Im "Denkmodell" der Ministerialbürokratie wurde ansonsten vor allem für die Auflösung der Kragenkreise um die kreisfreien Städte plädiert. Ansonsten sollte, was auf der Hand lag, die Anzahl der Landkreise nennenswert reduziert werden, wobei jedoch durch die Festlegung auf einen voll ausgebildeten dreistufigen Verwaltungsaufbau mit allgemeiner Mittelinstanz der Druck zur Bildung größerer Kreise deutlich gedämpft war.

Diesen Festlegungen der Ministerialbürokratie waren innerhalb der Regierungspartei CDU wichtige Vorentscheidungen, um nicht zu sagen Machtkämpfe vorangegangen. Die Frontlinie verlief hier zwischen den Vertretern der Blockpartei-Tradition (für die sich die kaum schmeichelhaft gemeinte Bezeichnung "Blockis" einbürgerte) und den nach 1989 neu in die CDU eingetretenen Reformern. Ziel der Reformer war die konsequente Zerschlagung des Machtapparates der SED und ihrer Zuträger. Maßgeblicher Vertreter dieser Richtung war Arnold Vaatz, der im Sommer 1990 Leiter des Koordinierungsausschusses der Runden Tische zur Bildung des Landes Sachsen und "Stellvertretender Regierungsbevollmächtigter für den Bezirk Dresden" geworden war. Vaatz und seine Mitstreiter strebten die völlige Beseitigung der DDR-Bezirksverwaltungen und die drastische Reduzierung der Zahl der Landkreise von 48 auf 13 an (Vaatz

1995). Diese Pläne sollten jedoch an den Machtverhältnissen innerhalb der sächsischen CDU scheitern. Daher die Beibehaltung der DDR-Bezirksstrukturen als spätere Regierungspräsidien, woraus sich auch wesentlich weniger ambitionierte Pläne für die Reduzierung der Kreiszahl ergaben (letztlich sollten es 22 Landkreise bleiben).[4]

Bereits diese Vorgeschichte deutet an, daß die wesentliche Determinante für den Verlauf der Kreisreform in Sachsen die Machtverhältnisse innerhalb der mit absoluter Mehrheit regierenden CDU waren. Dies schlug sich nieder in der strikten Orientierung des Ministerpräsidenten auf einen Konsens mit den betroffenen Landräten. Genau auf diese Vorgabe reduzierte sich die verwaltungspolitische "Leitidee". Reformsubstanz sollte dasjenige sein, was in den Landkreisen auf hinreichende Akzeptanz stoßen würde. In Anbetracht der durch die Kreisreform so oder so aufgeworfenen Verteilungskonflikte, die sich auch in Sachsen insbesondere an der Frage des Kreissitzes entzünden mußten, war mit dieser Leitlinie den Reformvorstellungen der Ministerialbürokratie faktisch schon die Grundlage entzogen.

Die Kerntruppe der Experten im Innenministerium konnte daher nie zu einem dominanten Akteur werden. Diese Rolle wuchs vielmehr einzelnen Landräten zu, die entweder zugleich Mitglied der Mehrheitsfraktion der regierenden CDU im Landtag waren oder über machtvolle Wahlkreisabgeordnete Einfluß üben konnten. Nicht Mitglied des Landtags aber gleichwohl starker Mann unter den Landräten war z.B. Winfried Eichler (CDU), Landrat in Auerbach im Vogtland und seit Oktober 1991 Präsident des Sächsischen Landkreistages. Eichler kam im Januar 1995 der Untersagung der Fortführung seiner Dienstgeschäfte durch den Regierungspräsidenten in Chemnitz durch Rücktritt von allen öffentlichen Ämtern zuvor, nachdem seine frühere Tätigkeit als Inoffizieller Mitarbeiter des Ministeriums für Staatssicherheit bekannt geworden war (vgl. Vogtländer Anzeiger bzw. Freie Presse vom 25.1.1995). Eine starke Position hatten ferner,

---

4 Eine wichtige Rolle, nicht zuletzt als Kontrahent von Vaatz, spielte in dieser Frühphase des sächsischen Verwaltungsaufbaus der "Regierungsbevollmächtigte im Bezirk Leipzig", Dr. Rudolf Krause, zu DDR-Zeiten Mitglied des CDU-Bezirksvorstands Leipzig und des Zentralrats der FDJ. Krause war am 30. Juli 1990 von der Regierung de Maizière zum "Landessprecher" für das künftige Bundesland Sachsen ernannt worden und übte dadurch auf die Verwaltungsgestaltung starken Einfluß aus. Krause war es auch, der sich nachdrücklich für den Erhalt der DDR-Bezirke als künftige Regierungsbezirke einsetzte. Nach der Landtagswahl vom 14. Oktober 1990 wurde Krause Innenminister und Stellvertretender Ministerpräsident. Im Oktober 1991 mußte er wegen erwiesener Zusammenarbeit mit dem Staatssicherheitsdienst der DDR zurücktreten.

allein schon durch ihre Anzahl, die Wahlkreisabgeordneten der CDU aus dem Raum Leipzig, zu denen auch der Fraktionsvorsitzende Goliasch gehörte. Sie stellten zehn Abgeordnete der CDU, die über eine Regierungsmehrheit von zwölf Stimmen verfügte. Damit war zum Beispiel einer Lösung der Stadt-Umland-Problematik im Ballungsgebiet Leipzig engste Grenzen gesetzt.

Insgesamt war - in scharfem Kontrast zur Situation in Brandenburg - der verwaltungspolitische Gestaltungsprozeß bei der Kreisreform der Kontrolle der Landesregierung (in Sachsen heißt sie "Staatsregierung") schon frühzeitig entglitten, die folgerichtig auch später nicht mehr versucht hat, die Substanz der Reformziele der Ministerialbürokratie zu retten.

Der formelle Gang der Dinge war folgender: Am 16. April 1991 beschloß das Kabinett die Einleitung der Kreisneugliederung, die nach den damaligen Vorstellungen bis zum Ende des Jahres 1992 abgeschlossen sein sollte (vgl. Sommerschuh 1994). Der Kreisreform wurde der zeitliche Vorrang vor einer Gemeindereform eingeräumt, freiwillige Gemeindezusammenschlüsse wurden jedoch ausdrücklich angeregt (Sächsischer Landtag, Drs. 1/367 vom 28.5.1991).

In der vom Ministerpräsidenten ins Leben gerufenen Landrätekonferenz wurde gleich zu Beginn der Zeitplan der Staatsregierung für die Kreisreform zu Fall gebracht. Statt bereits 1992, sollten die Gesetzgebungsarbeiten nun im Laufe der Legislaturperiode (dies bedeutete: bis zum Spätsommer 1994) abgeschlossen werden. Als formelle Scharnierstelle zwischen den Landräten und der Ministerialbürokratie fungierte ferner ein "Lenkungsausschuß", in dem außer den aus den regionalen Verbänden kommenden Landräten die kommunalen Spitzenverbände und die betroffenen Regierungsressorts vertreten waren.

Zwischen der Kerntruppe der Experten im Innenministerium mit ihren fachpolitischen Gestaltungsoptionen und den Landrätevertretern bauten sich daher Spannungen auf, die angesichts der Machtverhältnisse nur zu fortgesetzten Positionsverlusten der Ministerialbürokratie führen konnten. Im Innenministerium hatte sich in der Zwischenzeit ein kleines Projektteam gebildet. Leiter dieses Projektteams war ein Leihbeamter aus Baden-Württemberg.

Das Projektteam im Innenministerium erarbeitete (vgl. Sächsisches Staatsministerium des Innern 1991) einen ersten Entwurf für die Kreisneugliederung, der Anfang Juli 1991 fertiggestellt war. Darin war die Reduzierung der Anzahl der Kreise von 48 auf 23 neue Kreise vorgesehen. Dieses allererste Konzept wurde bis zum Herbst 1991 überarbeitet und dann im November als "Denkmodell" zur Grundlage eines Anhörungsver-

fahrens gemacht. Das Denkmodell sah die Neubildung von 22 Landkreisen und sechs kreisfreien Städten vor, woraus sich eine durchschnittliche Einwohnerzahl pro Landkreis von 146.000 ergab (vgl. Schnabel/Hasenpflug 1993).
Die Kriterien für den Kreiszuschnitt waren allerdings weit weniger operational gefaßt, als dies vergleichsweise in Brandenburg der Fall war. Die Vergrößerung der Landkreise sollte landesentwicklungspolitischen und wirtschaftsstrukturellen Gesichtspunkten Rechnung tragen. Daraus ergab sich nach den Überlegungen des Projektteams eine Mindestgröße der Kreise von 125.000 Einwohnern. Bei topographischen oder siedlungsstrukturellen Besonderheiten sollten allerdings Abweichungen ermöglicht werden. Als weitere Kriterien wurden genannt: Überschaubarkeit des Kreisgebiets, Erreichbarkeitsverhältnisse und zumutbare Entfernungen, Verkehrslage und Verkehrsanbindung, naturräumliche und landschaftliche Zusammenhänge sowie topographische Besonderheiten, geschichtlich gewachsene traditionelle Bindungen und Beziehungen, Aspekte der lokalen und regionalen Identität der Menschen in den einzelnen Landesteilen. Ausführlich widmete sich das "Denkmodell" vom November 1991 auch der Stadt-Umland-Problematik. Namentlich wurde für die Auflösung der Kragenkreise um die Städte Leipzig, Dresden und Chemnitz plädiert. Auch Eingemeindungswünsche dieser Großstädte wurden als prinzipiell berechtigt anerkannt.
Mit der Veröffentlichung des Denkmodells wurde sogleich die Kreissitzfrage - wie in Brandenburg - zum zentralen Diskussions- und Konfliktpunkt. Auch an den vorgesehenen Eingemeindungen um Chemnitz, Dresden und vor allem Leipzig entzündeten sich heftige Proteste (vgl. Schmidt-Eichstaedt 1992). Überall konnten die Bürgermeister und Landräte dabei auf die Unterstützung durch die Bevölkerung bauen. In Stadt und Landkreis Leipzig wurde der Konflikt - im Gegensatz zur Situation in Chemnitz und Dresden - noch durch die unterschiedliche parteipolitische Ausrichtung der Stadtregierung und der Landkreisregierung zugespitzt (die Stadt ist SPD-regiert, der Landkreis CDU-regiert). Eine landespolitische Dimension erhielt der Leipziger Konflikt dadurch, daß neben neun weiteren Landtagsabgeordneten der CDU aus dem Raum Leipzig auch der damalige Chef der CDU-Fraktion im Landtag, Goliasch, aus der Stadt Leipzig stammt, sich in der Auseinandersetzung um den Kragenkreis jedoch zum Fürsprecher des Landkreises machte. Inmitten dieser Diskussion faßte die Staatsregierung am 3. März 1992 einen "Tendenzbeschluß" zur Kreisgebietsreform. In vier Fällen wurden die Kreiszuschnitte verändert und in zwei weiteren Fällen ein neuer Kreissitz bestimmt. Schwerpunkt des "Tendenzbeschlusses" war ansonsten ein Ausgleichsprogramm zur

Förderung der Städte, die bei der Reform den Kreissitz verlieren sollten. Wie das "Denkmodell" sah auch der "Tendenzbeschluß" die Auflösung aller Kragenkreise einschließlich des Landkreises Leipzig vor.

Am 23. Juni 1992 folgte der Kabinettsbeschluß zum Entwurf eines Kreisreformgesetzes. Damit wurden die Neugliederungsvorschläge des "Tendenzbeschlusses" vom März 1992 bestätigt, allerdings mit der wesentlichen Ausnahme, daß auf die Auflösung des Kragenkreises Leipzig vorläufig verzichtet werden sollte. Dem Landkreis Leipzig wurde nun eine Bestandsgarantie bis zur Durchführung der Gemeindegebietsreform eingeräumt. Dafür wurde mit verwaltungsstrukturpolitischen Argumenten der Grundsatz eingeführt, keine kreisfreie Stadt als Kreissitz auszuwählen (Sächsischer Landtag, Drs. 1/2056 vom 29.6.1992: 30). Im Unterschied zum "Denkmodell" wurden so auch Auerbach statt Plauen und Werdau statt Zwickau von der Staatsregierung als neue Kreissitze festgelegt.

Bei allen Bemühungen um eine frühzeitige Einbindung der Landräte sollten diese nun jedoch der Staatsregierung demonstrieren, daß sie die Rechnung immer noch ohne den Wirt gemacht hatte. Sämtliche Landräte gehörten der CDU an, einige von ihnen waren zugleich Landtagsabgeordnete. Außerdem gehörten alle in den Wahlkreisen direkt gewählten Abgeordneten der CDU an, und sie standen in der Kreisreformfrage, milde gesagt, unter einem gewissen Einfluß 'ihrer' Landräte. Die potentiellen Kreisreformgegner verfügten daher vor allem im Landtag über ein erhebliches Vetopotential. Entsprechend selbstbewußt konnte man auftreten. Der Fraktionsvorsitzende der CDU im Landtag war in der Frage der Kreisreform, um es vorsichtig zu formulieren, kein Protagonist verwaltungspolitischer Reformkonzepte. Seine Loyalität lag eindeutig bei den Landräten, die, wie er selbst, ganz überwiegend aus der alten Blockpartei-CDU der DDR stammten.[5]

Im November 1992 entwickelte nun die CDU-Fraktion im Sächsischen Landtag einen eigenen Entwurf zum gebietlichen Teil der Kreisreform, der vom Entwurf der eigenen Regierung - der am 9. Juli 1992 bereits Gegenstand der ersten Lesung im Landtag gewesen war - erheblich abwich. Lediglich in der Endzahl von 23 Kreisen stimmte der Entwurf der CDU-Fraktion mit dem der Staatsregierung überein. Die Kreiszuschnitte dagegen waren gegenüber dem Regierungsentwurf in vierzehn Fällen geändert worden, in zwölf Fällen war ein anderer Kreissitz vorgesehen. Die Zahl

---

5   Der damalige Fraktionsvorsitzende der CDU im Sächsischen Landtag, Herbert Goliasch, verzichtete nach der Landtagswahl vom September 1994 auf eine erneute Kandidatur für den Fraktionsvorsitz, nachdem der Verdacht aufgekommen war, er habe zu DDR-Zeiten mit dem sowjetischen Geheimdienst KGB zusammengearbeitet.

der kreisfreien Städte sollte nun sieben (statt sechs im Regierungsentwurf) betragen, Leipzig, Görlitz und Plauen sollten als kreisfreie Städte zudem den Kreissitz behalten.

Bei den nachfolgenden Debatten, sowohl im Parlament als auch innerhalb der CDU-Fraktion, ging es munter drunter und drüber. Von einer Orientierung an halbwegs allgemein vertretbaren Reformkriterien konnte keine Rede sein, von der Führung der Regierungsfraktion wurde eine solche Orientierung auch weder gesucht, noch vermittelt. Die Vertretung von regional- und lokalegoistischen Interessen war so von politischen Hemmungen mehr oder weniger frei. Die Verlegung von Kreissitzen in die strukturschwächere Region stieß sich in der regierenden CDU an der Logik innerparteilicher Machtverhältnisse: Naturgemäß war die Hausmacht der Vertreter kleinerer Städte und strukturschwacher Regionen schwächer als diejenige der ohnehin begünstigten Gebietskörperschaften. Auch zwischen den Parteien wurden Argumente opportunistisch hin- und hergeschoben. Während in der CDU mit dem Argument der Bürgernähe und der Überschaubarkeit der Verwaltungsverhältnisse für eine Teilung des Vogtlandes in zwei Kreise plädiert wurde, sprachen sich die Oppositionsfraktionen (wie schon das "Denkmodell" des Innenministeriums) mit dem Argument der landsmannschaftlichen Einheitlichkeit und der höheren Leistungsfähigkeit eines Großkreises für einen einheitlichen Vogtlandkreis aus (Bericht des Innenausschusses zur Drs. 1/2056 vom 29.6.1992: 62). In einem anderen Fall plädierten die Oppositionsfraktionen mit dem Argument der Erreichbarkeit und historischen Bedeutung für die Beibehaltung des Kreissitzes in der kreisfreien Stadt Zwickau, während die CDU-Fraktion aus strukturpolitischen Gründen den Kreissitz Werdau favorisierte (Bericht des Innenausschusses, a.a.O.: 64f.).

Neben den umfassenden Änderungen hinsichtlich der Kreiszuschnitte und der Kreissitze, die die CDU-Fraktion gegenüber dem Entwurf der CDU-Regierung vorgenommen hatte, stellte die CDU-Fraktion sicher, daß alle früheren Kreisstädte nach Verlust des Kreissitzes auf Antrag den Status einer Großen Kreisstadt (nach baden-württembergischen Vorbild) erhalten sollten, soweit sie die Gewähr für die ordnungsgemäße Erfüllung der damit verbundenen Aufgaben bieten können. Außerdem wurde die im Regierungsentwurf enthaltene Vorschrift zur Bildung von Stadt-Umlandverbänden gestrichen. Hier hatten sich die kommunalen Besitzstandswahrer aus dem Umland der Großstädte durchgesetzt. Später, im November 1993, wurde dann der Entwurf zu einem eigenständigen Stadt-Umland-Gesetz von der Staatsregierung vorgelegt, allerdings wegen der politischen Lage doch nicht in den Landtag eingebracht. Die im "Denkmodell" vom

Herbst 1991 noch angesprochenen Eingemeindungen wurden im Gesetzentwurf der Staatsregierung vom 23.6.1992 nicht mehr aufgegriffen. Der neue, maßgeblich von der CDU-Fraktion zustandegebrachte Gesetzentwurf wurde Anfang Mai 1993 im Innenausschuß beraten und in mehr oder weniger unveränderter Form am 25. Mai 1993 vom Landtag verabschiedet.

Von den Gestaltungsoptionen des Projektteams im Innenministerium war in der im Mai 1993 verabschiedeten Gesetzesfassung nur wenig übriggeblieben. Eine durchgängige Auflösung der Kragenkreise konnte ebensowenig erreicht werden wie eine durchgängige Verlagerung der Kreissitze in entwicklungsbedürftige, jedenfalls nicht-kreisfreie Städte. Durch die Eingriffe der CDU-Fraktion in den Entwurf der "eigenen" Regierung waren zudem inhomogene Kreiszuschnitte und Kreisgrößen entstanden. Zwar erhöhte sich die durchschnittliche Einwohnerzahl der Landkreise von 69.000 auf 135.000, ebenso stieg naturgemäß die Durchschnittsgröße der Kreise, und zwar von 369 Quadratkilometer auf 770 Quadratkilometer. Die Einwohnerzahlen der Landkreise sollten nun jedoch zwischen 80.000 (Elstertal im Vogtland) und 210.000 (Landkreis Dresden/Meißen) schwanken.

Zieht man als Vergleichsbasis nicht den ursprünglichen Regierungsentwurf, sondern die Verhältnisse im Nachbarland Brandenburg heran, so wird der geringe Erfolg der Kreisreform in Sachsen selbst dann noch deutlich, wenn man die tatsächlich geringeren Reformerfordernisse in Rechnung stellt, soweit diese auf der Kreisebene mit der Existenz einer Mittelinstanz zusammenhängen (an der es in Brandenburg fehlt). In Brandenburg konnte das Prinzip der Sektoralkreisbildung um Berlin konsequent durchgeführt werden, in Sachsen scheiterten die entsprechenden Bemühungen, jedenfalls vorläufig, weil der Kragenkreis um Leipzig aus den ehemaligen Kreisen Borna, Geitheim und Leipzig durch Eingemeindungen nur vereinzelt durchbrochen werden konnte. Die Kreisfreiheit wurde in Brandenburg konsequent nur großen Oberzentren gewährt (mit Frankfurt/Oder, 87.000 Einwohner und Brandenburg, 92.000 Einwohner als untere Grenzfälle). In Sachsen dagegen konnten auch Mittelstädte wie Görlitz (70.000 Einwohner), Plauen (70.000 Einwohner) und Hoyerswerda (62.000 Einwohner) die Kreisfreiheit behaupten. In Brandenburg wurden die Kreissitze konsequent in kreisangehörige Gemeinden verlegt, in Sachsen dagegen konnten die kreisfreien Städte Görlitz, Leipzig und Plauen den Sitz der Kreisverwaltung für sich durchsetzen.

Mit der Verabschiedung des Kreisreformgesetzes am 25. Mai 1993 war das Drama der sächsischen Kreisreform jedoch noch nicht beendet. Nach Abschluß des Gesetzgebungsverfahrens beantragten die Landkreise Hoyerswerda und Dresden beim Sächsischen Verfassungsgerichtshof die Aussetzung der für Juni 1994 vorgesehenen Landrats- und Kreistagswahlen für die künftigen Landkreise Westlausitz und Dresden-Meißen mit der Begründung, daß im Gesetzgebungsverfahren ihre Anhörungsrechte verletzt worden seien (Frankfurter Allgemeine Zeitung vom 21.5.1994). Unter Hinweis auf die nicht formgerechte Begründung des Kreisreformgesetzes erhoben ferner die Landkreise Plauen und Reichenbach im Vogtland Normenkontrollklage vor dem Verfassungsgerichtshof. Mit einstweiligen Anordnungen vom 19. Mai und vom 21. Juli 1994 gab der Verfassungsgerichtshof den Anträgen der Landkreise statt, was mit den Entscheidungen in der Hauptsache vom 21. Juni und 10. November 1994 bestätigt wurde. Daher blieb die Kreisreform in Sachsen zunächst ein Torso, weil die bisherigen fünf Vogtlandkreise vorerst ebenso bestehenbleiben wie die Landkreise Hoyerswerda, Kamenz, Dresden und Meißen.

Im November und Dezember 1994 leitete die Sächsische Staatsregierung den aufgrund der Entscheidungen des Verfassungsgerichtshofes von der Kreisgebietsreform noch nicht erfaßten Landkreisen Referentenentwürfe zur Änderung des Kreisgebietsreformgesetzes zu. In diese Entwürfe (vgl. Sächsisches Staatsministerium des Innern, Aktenzeichen 24-0500.2/ 161 [8.11.1994] bzw. Entwurf für ein Zweites Gesetz zur Änderung des Kreisgebietsreformgesetzes und anderer kommunalrechtlicher Vorschriften vom 13.12.1994) hatten die Beamten des Innenministeriums nochmals die organisatorischen, raumordnerischen und landesplanerischen Leitideen der Kreisreform ausdrücklich hineingeschrieben. Man wollte also wenigstens auf der symbolischen Ebene Flagge zeigen.

Der Anhörungsentwurf für die Region Meißen-Dresden/Lausitz arbeitete mit drei Alternativlösungen. Hier ging es um die Neugliederung der Landkreise Hoyerswerda, Kamenz, Dresden und Meißen. Alle Lösungen stimmten darin überein, daß die Zahl der Landkreise von vier auf zwei reduziert werden sollte. Der erste Vorschlag lief auf die Bildung eines Landkreises Meißen-Radebeul mit der Stadt Meißen als Kreissitz und eines Kreises Westlausitz-Dresdnerland mit der Stadt Kamenz als Kreissitz hinaus. Der zweite Vorschlag beinhaltete die Bildung eines Landkreises Meißen-Dresden (ebenfalls mit Meißen als Kreissitz) und die Bildung eines Landkreises Westlausitz bei Belassung der Kreisfreiheit für die Stadt Hoyerswerda. In dem dritten Vorschlag wurde die Bildung eines Kreises Meißen-Radebeul und eines Kreises Westlausitz-Dresdnerland unter "Auskreisung" von Hoyerswerda für möglich gehalten. Während der Anhörungen, die am 27. Januar 1995 abgeschlossen wurden, widersetzten sich der Landkreis Dresden und der Landkreis Hoyerswerda hartnäckig den Neugliederungsvorschlägen, während die Landkreise Kamenz und

Meißen dem Regierungsentwurf zustimmten. Die Stadt Hoyerswerda befürwortete generell die Ausweisung von Hoyerswerda als kreisfreie Stadt. Der nach Abschluß der Anhörungen mit Datum vom 28. Februar 1995 von der Staatsregierung an den Landtag überwiesene Gesetzentwurf beinhaltete dann die im dritten Vorschlag des Referentenentwurfs vorgeschlagene Lösung: die Bildung eines Landkreises Meißen-Radebeul und eines Landkreises Westlausitz-Dresdnerland unter "Auskreisung" der Stadt Hoyerswerda. Diese Lösung beinhaltete also die Auflösung des "Kragenkreises" Dresden.[6]

Neuerlich recht verschlungen war der Weg der Entscheidungsfindung für die Vogtland-Region. Hier sah der Anhörungsentwurf der Staatsregierung vom 13.12.1994 zunächst die Zusammenfassung der bisherigen Landkreise Plauen, Oelsnitz und Klingenthal zu einem Landkreis Obervogtland und die Zusammenfassung der Landkreise Auerbach und Reichenbach zu einem Landkreis Niedervogtland vor. Dabei sollten aber einzelne Gemeinden (es handelte sich um Hammerbrücke, Tannenbergsthal und Morgenröthe-Rautenkranz), die bisher zum Landkreis Klingenthal (der in den neuen Landkreis Obervogtland aufgehen sollte) gehörten, dem neuen Landkreis Niedervogtland zugeordnet werden, während die bisher zum Landkreis Auerbach gehörigen Gemeinden Trib, Bergen und Werda dem neuen Landkreis Obervogtland zugeschlagen werden sollten. Als Kreissitz für den Landkreis Obervogtland war die Kreisfreie Stadt Plauen vorgesehen, als Kreissitz des Landkreises Niedervogtland die Stadt Auerbach.

Nun kam es zu einem Ereignis, das aus der bloßen Perspektive der Kreisreform wie historischer Zufall aussehen mochte, das aus der Sicht der Landes-, wenn nicht gar der übergreifenden Vereinigungspolitik mit gewisser Zwangsläufigkeit eintrat. Am 26. Januar 1995 kam der Landrat des Kreises Auerbach und Präsident des Sächsischen Landkreistages, Winfried Eichler, der drohenden Untersagung der Fortführung seiner Dienstgeschäfte durch den Regierungspräsidenten in Chemnitz mit seinem Rücktritt zuvor. Am Vortag hatte die Presse über eine mutmaßliche Tätigkeit Eichlers als inoffizieller Mitarbeiter des Staatssicherheitsdienstes der DDR berichtet (Vogtländer Anzeiger bzw. Freie Presse vom 25.1.1995).

---

6   Während der nachfolgenden parlamentarischen Beratungen war es interessanterweise die oppositionelle SPD, die sich für eine Erhaltung des "Kragenkreises" Dresden aussprach, und zwar mit dem bemerkenswerten Argument, daß die Auflösung des "Kragenkreises" Dresden eine unzulässige Ungleichbehandlung gegenüber dem "Kragenkreis" um Leipzig darstelle. Damit, so die SPD-Fraktion, sei die "Systemgerechtigkeit" nicht gewahrt. Vgl. Sächsischer Landtag, Drs. 2/1587.

Mit Eichler war nun aber der einflußreichste Vertreter einer Zweikreislösung (bei der der Kreis Auerbach erhalten geblieben wäre) von der politischen Bildfläche verschwunden. Die Bildung eines einheitlichen Vogtlandkreises mit der Kreisfreien Stadt Plauen als Kreissitz hatte der Regierungsentwurf bereits als Alternative zur Zweiteilung in einen Obervogtland- und einen Niedervogtland-Kreis genannt. Es war kein Geheimnis, daß die Experten im Innenministerium der Einkreisvariante den Vorzug gaben, während der Innenminister (Eggert) offenbar einem Konflikt mit dem Auerbacher Landrat Eichler hatte aus dem Wege gehen wollen und daher die Zweikreisvariante zur politischen Vorgabe für die Präferenzbildung im Regierungsentwurf gemacht hatte. Eichlers Rücktritt verhalf nun ausnahmsweise den Gestaltungsoptionen der Ministerialbürokratie zum Erfolg. Der Zweite Gesetzentwurf zur Änderung des Kreisgebietsreformgesetzes vom 30.3.1995 (Sächsischer Landtag Drs. 2/0813) schlug dann die Bildung eines einheitlichen Vogtlandkreises mit Kreissitz in Plauen vor.

Am 6. September 1995 wurden die erste und zweite Änderung des Kreisgebietsreformgesetzes vom Sächsischen Landtag verabschiedet. Mit den Änderungsgesetzen wurde ein Landkreis Meißen-Radebeul mit Kreissitz in Meißen und ein Landkreis Westlausitz-Dresdnerland mit Kreissitz in Kamenz geschaffen. Hoyerswerda erhielt, entgegen dem ersten Vorschlag im ursprünglichen Anhörungsentwurf, den Status einer Kreisfreien Stadt. Schließlich wurde, wie erwähnt, der einheitliche Vogtlandkreis mit Kreissitz in Plauen geschaffen. Die Kreiswahlen fanden am 3. September 1995 statt (mit einem Sieg der CDU in allen Landkreisen). Die neuen Landkreise bestehen seit dem 1. Januar 1996. Durch die Bildung eines einheitlichen Vogtlandkreises verringerte sich die Gesamtzahl der Landkreise nocheinmal um einen Landkreis, so daß Sachsen heute über 22 (statt zuvor 48) Landkreise verfügt. Die Landkreise selbst weisen nach wie vor sehr uneinheitliche Einwohnerzahlen auf (von 82.000 Einwohner im Landkreis Döbeln bis zu 230.000 Einwohner im Landkreis Leipzigerland). Fünf Kreise haben weiterhin weniger als 100.000 Einwohner (außer dem Landkreis Döbeln noch die Kreise Annaberg, Delitzsch, Stollberg und der Mittlere Erzgebirgskreis). Der Kragenkreis um Leipzig bleibt bestehen.[7]

---

7   Im Dresdener Innenministerium wird neuerdings jedoch auch der Landkreis Leipzigerland als "Sektoralkreis" bezeichnet. Als Begründung für diese völlig unplausible Bezeichnung für einen "Kragenkreis" wird auf die territoriale Ausbuchtung des Kreises nach Süden verwiesen. Der tatsächliche Grund für diese Sprachregelung ist jedoch mutmaßlich eine im Oktober 1995 vom Landkreis Dresden - ebenfalls ein Kragenkreis - eingereichte und mit Antrag auf einstweilige Anordnung versehene Klage beim Verfassungsgerichtshof gegen seine Auf-

■ **3.3 Dritte Geschichte: Aufbau der Umweltverwaltung in Brandenburg – oder: Prinzipien kommen vor Vernunft**

Die vergleichende Betrachtung des Aufbaus einer Fachverwaltung führt, wie die folgende Darstellung zeigen wird, zu einigen kontraintuitiven Einsichten. Würde man nur die Kreisreform in Betracht ziehen, könnte sich im Vergleich zwischen Brandenburg und Sachsen leicht der Eindruck von brandenburgischer Professionalität und sächsischem Dilettantismus einstellen. Betrachtet man aber den Aufbau der Umweltverwaltung in beiden Bundesländern, so kehrt sich das Bild geradezu um. Hier wird zunächst der brandenburgische Fall geschildert. Er weist die ironische Wendung auf, daß ein erfolgreicher Aufbau effizienter Verwaltungsstrukturen im Umweltschutzbereich am erfolgreichen Aufbau der allgemeinen Verwaltung gescheitert ist. In Sachsen verhält es sich komplementär (dazu mehr im nächsten Abschnitt).

Zunächst muß daran erinnert werden, daß der administrative Umweltschutz in den ostdeutschen Bundesländern nach 1990 schon aus nicht-administrativen Gründen ein besonders prekäres Problemfeld war und bis heute ist. Bereits mit dem Staatsvertrag zur Währungs-, Wirtschafts- und Sozialunion vom 18. Mai 1990 war auch eine sogenannte Umweltunion zwischen der damaligen DDR und der Bundesrepublik Deutschland vereinbart worden. Damit war der programmatische Anspruch verbunden, die umweltpolitischen Verhältnisse in den ostdeutschen Gebieten bis zum Jahr 2000 den westdeutschen Verhältnissen anzupassen.

Die umweltpolitische Zielsetzung des Staatsvertrages vom 18. Mai 1990 war nun gleich in zweierlei Hinsicht fiktiv. Der eine Faktor ist allseits bekannt: die ökologischen Verhältnisse in Ostdeutschland waren und sind durch so außerordentliche Belastungen von Luft, Wasser und Boden gekennzeichnet, daß die Angleichung an die ökologischen Verhältnisse in Westdeutschland schon aus diesem Grunde mehr als ambitiös war. Der andere Faktor betraf das im Staatsvertrag wenigstens implizit angesprochene Niveau des administrativen Umweltschutzes in Westdeutschland. Den hohen Standards des Umweltrechts werden nämlich die Vollzugsstrukturen nach einhelligem Urteil von Wissenschaft und Praxis nicht gerecht. Die funktionale "Einheit der Verwaltung" ist im Bereich des Umweltschutzes in Westdeutschland mehr noch als in anderen öffentlichen Aufgabenbereichen ein "Mythos" (so Eisen 1995: 99ff.). Die westdeutsche

lösung. Offenbar befürchtete man im Innenministerium, daß der Landkreis Dresden die Argumente der parlamentarischen Opposition aufgreifen und eine mangelnde "Systemgerechtigkeit" der Dresdner Lösung im Vergleich zur Leipziger Lösung ins Feld führen könnte.

Umweltverwaltung kennzeichnet die organisatorische Zersplitterung der umweltrelevanten Zuständigkeiten. Hinzu kommt die Trennung der Fachaufgabe Umweltschutz als wissenschaftliche Assistenz- und Beratungsfunktion einerseits, von der Vollzugsfunktion andererseits (bündig bezeichnet als Trennung von Fach- und Vollzugsfunktion). Typisch für die westdeutsche Situation ist ein unsystematisches Geflecht von Behörden der allgemeinen Verwaltung und von Sonderbehörden mit einer großen Vielfalt faktischer Arbeitsteilung in den einzelnen Bundesländern.

Diese Widersprüchlichkeiten, vor allem die Kompetenzenkonkurrenz zwischen allgemeiner Verwaltung auf der kommunalen Ebene und staatlichen Sonderbehörden, verlaufen "quer zu den sonstigen Spannungslinien und Dilemmata des allgemeinen Verwaltungsaufbaus in den neuen Bundesländern" (Eisen 1995: 98). Überlagert wird der Aufbau der Umweltverwaltung in Ostdeutschland zudem durch die allgegenwärtige Sorge um ein zügiges wirtschaftliches Wachstum, was in der Wahrnehmung der Öffentlichkeit und der verwaltungspolitischen Akteure mit den Erfordernissen des Umweltschutzes in latentem oder manifestem Konflikt steht.

Soviel zu den allgemeinen Rahmenbedingungen. In Brandenburg hätte man insofern mit einer aktiven Umweltverwaltungspolitik rechnen können, als der zuständige Minister der "zuständigen" Partei angehörte, nämlich dem Bündnis 90. Es sollte sich aber zeigen, daß dem Minister die administrative Dimension des Umweltschutzes erst klar wurde, als es bereits zu spät war (laut Eisen [1996: 184ff.] etwa im Frühjahr 1993). Vor allem aber wurde die verwaltungspolitische Generallinie der Landesregierung - nämlich: zweistufiger Verwaltungsaufbau ohne Mittelinstanz, Vorrang der allgemeinen Verwaltung vor der Sonderverwaltung und damit weitestgehender Verzicht auf untere staatliche Verwaltungsbehörden - vom Bündnis 90 loyal mitgetragen.

So haben wir beim Aufbau der Umweltverwaltung in Brandenburg eine Spannung zwischen verwaltungspolitischer Leitidee der politischen Ebene einerseits und verwaltungsorganisatorischer Gestaltungsoption der Ministerialbürokratie andererseits, die sich von den übrigen hier betrachteten drei Landesverwaltungsfällen - der Kreisreform im selben Bundesland, der Kreisreform in Sachsen und auch vom Aufbau der Umweltverwaltung in Sachsen, die im nächsten Abschnitt behandelt wird - in deutlicher und zum Teil überraschender Weise unterscheidet. Die Gestaltungsoption der Kerntruppe von Experten im Potsdamer Umweltministerium ging bei ihren Überlegungen wie selbstverständlich von den weithin bekannten Vollzugsproblemen in der westdeutschen Umweltverwaltung aus. Sie strebte daher dem Grundsatz nach eine Bündelung der Kompetenzen für die verschiedenen Umweltmedien bei oberen und unteren Landesbehörden an. Daß dies mit der Leitidee eines bloß zweistufigen Verwaltungsaufbaus und der Bevorzugung der allgemeinen gegenüber der Sonderverwaltung nicht in Einklang zu bringen war, sollte sich im weiteren Verlauf der Beratungen und Entscheidungen immer deutlicher herausstellen.

Die Organisationsexperten im Potsdamer Umweltministerium befanden sich mit ihren Gestaltungsoptionen somit in einer völlig anderen Situation als ihre Kollegen im Innenministerium, die mit der Kreisreform befaßt waren. Während die Gestaltungsoptionen der Expertenrunde im Innenministerium bzw. unter dessen Federführung mit den Leitideen der Landesregierung vollkommen übereinstimmten, ja geradezu als deren bruchlose Umsetzung erscheinen konnten, mußten die Experten im Umweltministerium mit zunehmender Präzisierung ihrer eigenen Organisationsvorstellungen mit zunehmendem Widerstand auf der politischen Leitungsebene, sowohl in der Regierung als auch im Parlament, rechnen. Eine dauerhafte staatliche Oberbehörde für den Umweltschutz wäre zwangsläufig zu einer Mittelinstanz geworden, und staatliche Bündelungsbehörden auf der unteren Verwaltungsebene waren mit der politischen Vorgabe des Vorrangs der allgemeinen Verwaltung unvereinbar. Schon hier sei angemerkt, daß es nicht nur die inhaltliche Ausrichtung der gegenläufigen verwaltungspolitischen Leitideen und Gestaltungsoptionen war, die den Organisationsexperten im Umweltministerium das Leben schwermachte, sondern auch die hohe politische Aufmerksamkeit, die die verwaltungspolitischen Grundsatzfragen sowohl beim Innenminister als auch beim Staatsminister in der Staatskanzlei und den zuständigen Mitgliedern der SPD-Fraktion im Landtag genossen. Dies war eine völlig andere Situation als in Sachsen, wo operative Fragen der Verwaltungspolitik weder beim Innenminister, noch beim Ministerpräsidenten oder deren leitenden Mitarbeitern auf nennenswertes Interesse stießen. Es wird noch zu schildern sein, daß die Bürokratie des *sächsischen* Umweltministeriums gerade aus dieser Not eine Tugend zu machen wußte.

Die verwaltungspolitischen Konfliktlinien, deren Aktivierung den Aufbau effizienter Vollzugsstrukturen in der brandenburgischen Umweltverwaltung letztlich zum Scheitern bringen sollte, traten jedoch nur schrittweise, gewissermaßen auf verschlungenen Pfaden in den Vordergrund. Denn zunächst waren in Brandenburg, wie überall in den ostdeutschen Bundesländern, die Kreise und kreisfreien Städte für die Übernahme des ihnen nach den politischen Leitideen der Landesregierung zugedachten Spektrums der Vollzugsaufgaben im Umweltschutz noch gar nicht gerüstet. Daraus ergab sich die Merkwürdigkeit, daß staatliche Umweltbehörden mit interimistischen Kompetenzen aufzubauen waren. Dies waren zum einen das Landesumweltamt Brandenburg (LUA), zum anderen die Ämter für Immissionsschutz (ÄfI).

An diese interimistischen Lösungen knüpften sich naturgemäß unterschiedliche Hoffnungen bzw. Befürchtungen. Die Bürokratie des Umweltministeriums sah im Landesumweltamt und in den Ämtern für Immissionsschutz den Kern künftiger "Staatlicher Ämter für Umwelt" (oder "erweiterter ÄfI"). Landkreise, kreisfreie Städte und das Innenministerium selbst mußten in dieser Entwicklung jedoch eben jene Verletzung der verwaltungspolitischen Generallinie bzw. ihrer ureigensten Interessen sehen, von der oben bereits die Rede war.

Hinzu kamen weitere Sachzwänge, denen sich die allgemeine Verwaltungspolitik der Landesregierung gegenübersah oder die sie sich zu eigen gemacht hatte. Im Unterschied zu den meisten anderen Zweigen der Landesverwaltung (die es als solche in der DDR ja gar nicht gegeben hatte) gab es im Bereich des Umweltschutzes Vorgängerbehörden aus der DDR-Zeit. Die Frage war, was mit diesen Behörden bzw. mit dem dort angesiedelten Personal geschehen sollte. Dies kristallisierte sich an der Frage der Kompetenzentrennung zwischen staatlichen Assistenz- und Aufsichtsfunktionen einerseits und Vollzugskompetenzen andererseits heraus. Eine halbwegs reibungslose Integration des Personalstamms der früheren Wasserwirtschaftsdirektionen (WWD) in die neue Landesverwaltung mußte angesichts der räumlichen Dislozierung der WWD (im Wesentlichen entlang von Flußläufen) sowohl mit dem Verzicht auf staatliche Mittelbehörden, als auch mit dem Vorrang für die allgemeine Verwaltung kollidieren.

Das Dilemma konnte nicht beseitigt, es konnte nur gemildert werden. Was herauskam, war die Eingliederung der WWD-Dienststellen in Cottbus, Frankfurt/Oder und Potsdam als Außenstellen des Landesumweltamtes, jedoch unter Beschränkung auf Assistenz- und Aufsichtsfunktionen, während die Vollzugskompetenzen den Landkreisen und kreisfreien Städten zugewiesen wurden. Dieser Vorgang ist deshalb erhellend, weil er zeigt, daß der Neubau der Verwaltung im Osten auch durch das Beharrungsvermögen der DDR-Fachverwaltungen geprägt ist. Wichtig ist nur, daß es sich hier um strukturelle Persistenz und gerade nicht um die vielbemühten "alten Seilschaften", "roten Socken" etc. handelt. Natürlich war die Eingliederung des Fachpersonals der Wasserwirtschaftsdirektionen sehr vernünftig, weil ressourcensparend und humankapitalschonend. Tatsache ist aber, daß damit sowohl gegen die verwaltungspolitische Generallinie der Landesregierung, als auch gegen die Einsichten in die Fehler der westdeutschen Vollzugorganisation im Umweltbereich verstoßen wurde.

Als ob diese Inkonsistenzen nicht ausgereicht hätten, wurden die Außenstellen des Landesumweltamtes als wissenschaftlich-technische Fachbehörden nicht mit regionalen, sondern mit funktionalen Zuständigkeiten für das gesamte Landesgebiet ausgestattet. Damit ergab sich auch bei den fachlichen Zuständigkeiten eine ähnlich organisatorische Zersplitterung wie in der westdeutschen Umweltverwaltung. Und als wollte man die Verhältnisse vollends unübersichtlich machen, erhielt nun das Landesumweltamt vorläufig, nämlich bis zur Durchführung einer Funktionalreform (die wiederum den Abschluß der Kreisgebiets- und Gemeindereform voraussetzt), auch interimistische Vollzugsfunktionen anstelle der Landkreise und kreisfreien Städte, denen man, wie erwähnt, die Übernahme dieser Vollzugsfunktionen vorläufig noch nicht zutraute. Die Ämter für Immissionsschutz (ÄfI) schließlich, sechs an der Zahl, wurden zu unteren staatlichen Sonderbehörden mit Vollzugsfunktion im Bereich der Luftreinhaltung, jedoch vorläufig, nämlich wiederum bis zum Abschluß der Funktionalreform, auch noch im Bereich des Gewässerschutzes und der Abfallbeseitigung.[8]

Im Endeffekt hat sich also in Brandenburg eine Verwaltungsstruktur im Umweltschutz herausgebildet, die in ihrer Zersplitterung statt Bündelung von Kompetenzen und der daraus resultierenden relativen Ineffizienz den westdeutschen Zuständen nahekommt, ohne daß dies als ein Akt der Imitation von den maßgeblichen verwaltungspolitischen Akteuren so intendiert war. Für die operative Verwaltungspolitik im Bereich des Umweltschutzes bedeutete dieser Prozeßverlauf ein Debakel, das dem des sächsischen Kreisgebietsreformprozesses nur wenig nachstehen dürfte. Die verwaltungspolitische Dominanz des Innenministeriums, auch in den die kommunalen Verwaltungsträger berührenden Fragen über eine Fachverwaltung, der - wenn auch nur interimistisch gemeinte - Verwaltungszentralismus des Landesumweltamtes und der staatlichen Ämter für Immissionsschutz hat zusätzlich zur relativen Ineffizienz der Vollzugsstrukturen auch noch die Akzeptanz bei den Landkreisen und kreisfreien Städten herabgesetzt, deren interessenbedingten Widerständen noch nicht einmal mit dem Verweis auf übersichtliche und effiziente Vollzugsstrukturen begegnet werden konnte. Eisen (1996: 257) attestiert der brandenburgischen Umweltverwaltung daher eine "doppelte Suboptimalität". Sie habe weder dem Ziel effizienter Vollzugsstrukturen, noch dem Ziel der Demokratisierung, Dezentralisierung und Kommunalisierung gerecht werden können.

---

8   Vgl. hierzu Johann Wolfgang von Goethe: Faust. Der Tragödie Erster Teil: 1064-1065.

3.4 Vierte Geschichte: Der Aufbau der sächsischen Umweltverwaltung – oder: Aus Fehlern lernen, das Chaos nutzen

Der Aufbau der sächsischen Umweltverwaltung stand zwar grundsätzlich vor ähnlichen Problemen wie in Brandenburg, allerdings stellten sich die materiellen Umweltschutzprobleme in diesem Bundesland wegen des dichten Industriebesatzes noch um einiges dramatischer dar, als in dem dünn besiedelten Land Brandenburg. Was den verwaltungspolitischen Gestaltungsprozeß im Bereich der Umweltverwaltung betrifft, zeigt sich Sachsen jedoch in nahezu jeder Hinsicht als ein frappierender Kontrastfall.

Wenn es in Ostdeutschland nach 1990 den Idealfall des Neubaus einer Fachverwaltung durch Überwindung der DDR-Verhältnisse bei Vermeidung westdeutscher Fehler gegeben haben sollte, dann hat er sich beim Aufbau der Umweltverwaltung in Sachsen ereignet. Dafür waren drei Faktoren maßgeblich: die Entschlossenheit des (aus Baden-Württemberg stammenden) Staatssekretärs, die Unverbindlichkeit der verwaltungspolitischen Leitideen der Staatsregierung und der frühe Zeitpunkt, zu dem die Ministerialbürokratie initiativ wurde.

Im sächsischen Umweltministerium für Umwelt und Landesentwicklung waren die Lerneffekte, welche die suboptimalen Vollzugsstrukturen der westdeutschen Umweltverwaltung freigesetzt hatten, seit dem Spätherbst 1990 im Staatssekretär personifiziert. Dieser stammte aus der baden-württembergischen Ministerialverwaltung, wo er seine Erfahrungen mit der Funktionalreform vor allem im Bereich der Umweltverwaltung und der Landesplanung gemacht hatte. In Sachsen wurde dieser Beamte dann zum klassischen *Change Agent* mit dem festen Vorsatz, die westdeutschen Fehler nicht zu wiederholen.

Die organisatorische Gestaltungsoption, wie sie im Umweltministerium schon zu Beginn des Jahres 1991 erarbeitet worden war, lief auf die Bündelung der Kompetenzen für alle Umweltmedien bei staatlichen Sonderbehörden hinaus. Geplant und eingerichtet wurde eine Landesoberbehörde, das Landesamt für Umwelt und Geologie, als wissenschaftlich-technische Fachbehörde ohne Vollzugsfunktion. Tragende Instanz für die vollzugsvorbereitenden fachlichen Tätigkeiten auf dezentraler Ebene wurden die medienübergreifende, integrierte staatliche Umweltfachämter (StUFÄ). Die Vollzugsfunktion selbst sollte auch in Sachsen der allgemeinen Verwaltung, also den Landratsämtern und kreisfreien Städten, vorbehalten bleiben.

Diese Vollzugsstruktur entspricht mehr oder weniger den Idealvorstellungen verwaltungspolitischer Fachleute, und das Land Sachsen darf heute für sich in Anspruch nehmen, über eine der modernsten Umweltverwaltungen Deutschlands zu verfügen. Lediglich die Trennung von Beratungsfunktion und Vollzugsfunktion auf der örtlichen Ebene verwässert das Idealmodell etwas (eine Trennung, die nicht zuletzt auch bei den sächsischen Mitarbeiterinnen und Mitarbeitern der Umweltverwaltung auf Unverständnis gestoßen ist, die in einer monistischen Verwaltungskultur groß geworden waren). Wie ist dieser Erfolg zustande gekommen?

Der erfolgreiche Aufbau einer klaren Vollzugsstruktur mit medienübergreifenden staatlichen Umweltfachämtern als Kernelement ist umso erklärungsbedürftiger, als die verwaltungspolitischen Leitideen und allgemeinen Vorgaben der Staatsregierung und der sie tragenden Mehrheitspartei für eine solche Lösung noch weitaus ungünstiger waren als die Rahmenbedingungen, unter denen vergleichsweise die brandenburgische Ministerialbürokratie des Umweltressorts handeln mußte, wo man ganz ähnliche Gestaltungsoptionen verfolgte. In Sachsen lautete die Marschrichtung: Beibehaltung der früheren DDR-Bezirke als Regierungspräsidien und Konsens mit den Landräten. Damit war bereits zwei bedeutenden Konkurrenten um Kompetenzen im Bereich des Umweltschutzes politisch der Rücken gestärkt. So hätte man jedenfalls meinen sollen.

Entscheidend war nun aber, daß operative Verwaltungspolitik in der sächsischen Staatsregierung - präziser: beim Innenminister und beim Ministerpräsidenten - keinen hohen Aufmerksamkeitswert besaß, und daß die organisatorische Gestaltung einer Verwaltungsfachaufgabe, ganz im Gegensatz zu Fragen der Kreisgebiets- und Gemeindereform, als trockene Expertensache ohne Interesse für die allgemeine Öffentlichkeit gelten konnte. Gewissermaßen im Windschatten dieser Aufmerksamkeitslücke konnten die Ministerialbürokraten im Umweltministerium den Durchmarsch wagen. Wenn es Konflikte gab, so mit konkurrierenden Behörden. Zum Glück für die Protagonisten im Umweltministerium wurden diese Konflikte jedoch nie politisiert, und so konnte man als gestaltende Kraft des Aufbauprozesses immer in der Vorhand bleiben.

Gegen die Einrichtung der staatlichen Umweltfachämter als untere staatliche Verwaltungsbehörde im Bereich des Umweltschutzes hat es Widerstände bei den Landkreisen und kreisfreien Städten durchaus gegeben (vgl. Eisen 1995: 133f.). Ganz im Unterschied zur Situation bei der Kreisreform wurde dieser Widerstand jedoch nicht zu einer regelrechten Fronde gebündelt, und es fehlte außerdem an Unterstützung oder auch nur Verständnis in der Öffentlichkeit.

Die Regierungspräsidien in Chemnitz, Dresden und Leipzig konnten sich ebenfalls nicht zu erfolgreichen Konkurrenten im Kampf um Kompetenzen im Umweltschutzbereich entwickeln. Nach wie vor sind die Regierungspräsidien als institutionelle Quasi-Nachfolger der DDR-Bezirksverwaltungen nicht unumstritten. Machtvolles Auftreten mit Kompetenzansprüchen bleibt für sie heikel, weil dies den allfälligen Vorwurf provozieren kann, es sei ja "ganz so wie früher". Für die staatlichen Umweltfachämter sind die sächsischen Regierungspräsidien wenigstens formell Aufsichtsbehörde. Faktisch aber verstehen sich die StUFÄ als "etwas besseres", jedenfalls als Sonderbehörden wissenschaftlich-technischer Prägung, die die Aufsichtskompetenz der Regierungspräsidien schlecht akzeptieren (vgl. Eisen 1995: 135). Dies hat zu einer engen Bindung der StUFÄ an das Umweltministerium geführt, also zu einer faktischen Umgehung der Regierungspräsidien als allgemeiner Bündelungsbehörde der Mittelinstanz.

Daß die Durchsetzung der klaren Gestaltungsoptionen der leitenden Ministerialbeamten im Umweltministerium nicht ohne Hemdsärmeligkeiten abging, zeigte der Umgang mit dem Fachpersonal der ehemaligen DDR-Umweltbehörden, also namentlich der Wasserwirtschaftsdirektion (WWD). Erinnert sei an die Kompromißbereitschaft, mit der man in Brandenburg die Integration des Umweltfachpersonals der früheren DDR-Behörden auch um den nicht geringen Preis unübersichtlicher Vollzugsstrukturen betrieben hat.

In Sachsen war man zu solchen Späßen nicht aufgelegt. Kennzeichnend hierfür ist die Entstehungsgeschichte des Landesamtes für Umwelt und Geologie (LfUG) (vgl. Eisen 1995: 122ff.). Seit dem Frühjahr 1991 hatte man in der Ministerialbürokratie des SMU die Vorstellung, eine relativ kleine Landesoberbehörde als wissenschaftlich-technische Fachbehörde mit umweltmedienübergreifenden Kompetenzen einzurichten. Auch dies stellte einen Fortschritt gegenüber der Situation in den meisten westdeutschen Flächenstaaten dar, die mit mehreren Landesoberbehörden im Umweltbereich zurechtkommen müssen. Zur Vorbereitung der Errichtung dieser Landesoberbehörde wurde ein Aufbaustab ins Leben gerufen, dessen Mitglieder sich vor allem aus den Fachleuten der früheren Wasserwirtschaftsdirektionen zusammensetzten. Als sich herausstellte, daß der Aufbaustab eine wasserkopfartige Landesbehörde mit einem flächendekkenden Meßnetz und großzügiger Laboraustattung auf neuestem technologischen Stand plante, wurde die Notbremse gezogen. Im SMU wurde kurzerhand eine Kabinettsvorlage erstellt, die den ursprünglichen Vorstellungen von einer "schlanken" Behörde wieder Rechnung trug und über die Köpfe der Aufbaustabsmitglieder hinweg durch einen Organisationserlaß vom 16.9.1991 in Kraft gesetzt wurde. So blieb nun nur der steinige Weg der Integration des Fachpersonals in die neuen staatlichen Umweltfachämter.

Von einem blindwütigen Zerschlagen alter DDR-Strukturen kann hier dennoch keine Rede sein. Der taktische Fehler des Aufbaustabes für die Errichtung einer Landesoberbehörde hatte darin bestanden, Besitzstandswahrungsinteressen mit organisatorischen Lösungen zu kombinieren, die "nicht in die Landschaft paßten", weil sie mit dem Leitbild einer "schlanken Verwaltung" unvereinbar waren. Daß man in der Ministerialbürokratie des SMU bei der Schulung oder gar Stärkung alter DDR-Strukturen durchaus pragmatisch vorzugehen wußte, zeigt sich an der eigentlich ungewöhnlichen Integration des Bereiches Geologie in die neue Landesoberbehörde (sie heißt eben Landesamt für Umwelt *und Geologie*). Diese Integration trübt sogar das ansonsten klare Bild streng fachlich orientierter Vollzugsstrukturen in der sächsischen Umweltverwaltung, denn natürlich haben Umweltschutz und Geologie bestenfalls am Rande etwas miteinander zu tun. Die Verankerung der Geologie in einer Landesoberbehörde ist auf die Bergbautradion in Sachsen und vor allem auf die Existenz der Bergakademie Freiberg als ein international bedeutendes geowissenschaftliches Zentrum zurückzuführen. Unmittelbare Vorgängereinrichtung war der VEB Geologische Erkundung Süd, ebenfalls mit Sitz in Freiberg. Aber die ruhmreiche Tradition der Freiberger Geologie reicht zurück zur Geologischen Landesuntersuchungsanstalt des Königreichs Sachsen, deren Dependence, das Sächsische Geologische Landesamt, im Jahre 1937 von Leipzig nach Freiberg verlegt worden war. Daß es nicht zu einer selbständigen Landesbehörde für den Bereich der Geologie kam, hat seine Ursache in erster Linie wiederum in den bereits angesprochenen Bemühungen um eine "schlanke" Verwaltung, die die Errichtung einer zusätzlichen Landesoberbehörde als inopportun erscheinen ließ.

Das Beispiel der geologischen Forschungs- und Beratungskapazität und deren Integration in eine Behördenlösung vermittelt Einsichten darüber, unter welchen Umständen DDR-Strukturen in der neuen Verwaltung der ostdeutschen Bundesländer überleben können, selbst wenn dies von den maßgeblichen Akteuren nicht in erster Linie so intendiert war. Entscheidend ist offenbar die aktive Legitimationsfähigkeit der jeweiligen organisatorischen Lösungen. In dieser Hinsicht haben zunächst ihrer Natur nach unpolitische, weil technisch-wissenschaftliche Aufgaben einen Vorteil. Dies war im Bereich der geologischen Forschung und Beratung zweifelsfrei der Fall, es hätte aber auch für die Wasserwirtschaftsdirektionen und deren Personal ins Feld geführt werden können (so wie es in Brandenburg ja auch geschah). Bloßes Besitzstandswahrungsgebaren, wie es die aus den Wasserwirtschaftsdirektionen stammenden Mitglieder des Aufbaustabes für das spätere LfUG in Sachsen an den Tag legten, reicht aber dann nicht aus, wenn eine entschlossene, verwaltungspolitische Führung nicht bereit ist, die personellen und bürokratischen Kosten solcher Reservate hinzunehmen. Eben darin unterschied sich das Verhalten der Ministerialbürokratie im sächsischen Umweltministerium von dem der Verantwortlichen in Brandenburg. Eine Rolle spielt aber auch die Tradition, und dies zumal in Sachsen. So wie bei der Kreisreform die heftigsten Kämpfe in der Traditionslandschaft des Vogtlandes tobten, konnten die sächsischen Geologen ihre behördliche Stellung womöglich nur deshalb erringen, weil deren Tradition tief im Königreich Sachsen wurzelt.[9]

Wenn aber das Überleben von DDR-Strukturen nicht legitimierbar ist - wenn also weder soziale Besitzstandswahrung noch weit zurückreichende Tradition das Überdauern von DDR-haftigkeit rechtfertigen können - so kann nur die Ignoranz der Öffentlichkeit Ähnliches bewirken. Davon handeln die nächsten beiden Abschnitte.

3.5 Fünfte Geschichte: Die Etablierung der Treuhandanstalt 1990-91 - oder: wie die DDR-Wirtschaftsverwaltung die Wiedervereinigung überlebte

In einem Beitrag zu einem Sonderheft der Wochenzeitung "Die Zeit" zum fünften Jahrestag der Wiedervereinigung schrieb Birgit Breuel, von April 1991 bis Dezember 1994 Präsidentin der Treuhandanstalt: "Mit der Auflösung der Treuhandanstalt hat Ende 1994 eine umstrittene Institution ihre Tätigkeit beendet." (Breuel 1995:64). An dieser Feststellung ist eines richtig und zweierlei falsch. Richtig ist die Charakterisierung der Treuhandanstalt als "eine umstrittene Institution". Unzutreffend sind die Feststellungen, daß die Treuhandanstalt 1994 aufgelöst worden sei, und daß sie damit ihre Tätigkeit beendet habe (jedenfalls dann, wenn man unter "Tätigkeit" die der Anstalt übertragenen Aufgaben versteht).

Beendet wurde, wenigstens zum allergrößten Teil, bis zum Ende des Jahres 1994 namentlich die Tätigkeit der Treuhandanstalt im Bereich der Unternehmensprivatisierung. Es bleibt ein erstaunliches Faktum, daß der Bund den Firmenbestand des früheren "Volkseigenen Vermögens" der DDR innerhalb von weniger als vier Jahren um mehr als 95% abgebaut

---

9 Der verwaltungsgeschichtliche Ahnenforscher ostdeutscher Prägung, der seiner Leidenschaft in der Regel nebenamtlich nachgeht, ist im übrigen ein erfrischend neuartiges Phänomen in der Gemeinschaft deutscher Verwaltungsexperten. Nahezu überall in den ostdeutschen Bundesländern trifft man auf Menschen, die mit einem hohen Maß an Faktenwissen, analytischem Darstellungsvermögen und innerer Anteilnahme die politisch-administrative Geschichte ihres Heimatlandstrichs zu schildern wissen.

hat (vgl. Treuhandanstalt: Informationen, Ausgabe 21, Dezember 1994: 4). Damit waren aber keineswegs die Aufgaben der Treuhandanstalt erledigt. Diese nämlich bestanden bzw. bestehen nicht zuletzt in der Verwaltung und Verwertung von Grund und Boden (der sogenannten nicht-betriebsnotwendigen Flächen im gewerblichen Bereich, des Wohnungseigentums und der land- und forstwirtschaftlichen Flächen). Hinzu kommen die hoheitlichen Aufgaben (dies betrifft die Vermögenszuordnungen einschließlich des Kommunalvermögens und die Verwaltung der Sondervermögen der Parteien und Massenorganisationen der DDR), in der weiteren Sanierung und Privatisierung einer immerhin nennenswerten Anzahl von Beteiligungsunternehmen (im Herbst 1995 waren dies noch 186 Firmen mit 25.000 Beschäftigten. Unabhängig davon wurden Ende 1994 weitere 114 Unternehmen mit 11.000 Beschäftigten in den Management-Kommanditgesellschaften in die direkt dem Bund zugeordnete Beteiligungsmanagementgesellschaft Berlin (BMGB) überführt).

Die größten und bedeutendsten Aufgaben im Rahmen der Treuhand-Nachfolgeaktivitäten sind diejenigen, die in engem Zusammenhang mit dem so erfolgreichen Bestandsabbau stehen: Vertragsmanagement, Reprivatisierung und Abschluß der Liquidationen. Das Vertragsmanagement beinhaltet die Betreuung der - Anfang 1995 - rund 30.000 aktiven Einzelverträge, die die Treuhandanstalt seit dem 1. Juli 1990 im Zuge des operativen Geschäfts abgeschlossen hatte, und bei denen es in erster Linie um die Überprüfung von Vereinbarungen über Arbeitsplatzsicherung und Investitionssummen sowie von Kaufpreiszahlungen und sonstigen finanzwirksamen Leistungen geht. Dies ist entgegen der juristisch klingenden Umschreibung eine nach wie vor quasi-unternehmerische Tätigkeit, die - wiederum mit Stand von Anfang 1995 - in rund 3.000 Nachverhandlungen das Wohl und Wehe von Betrieben, Erhalt oder Verlust von Arbeitsplätzen, Bewertung von Unternehmenskonzepten, Altschulden, Kreditspielräume, kommunale und regionale Betroffenheiten und entsprechende politische Konflikte beinhaltet. Auch wenn die Treuhandanstalt zum 31. 12.1994 ihren Namen abgegeben hat, sind ihre Aufgaben also noch längst nicht erledigt. Die Treuhandanstalt lebt vielmehr als bundesunmittelbare Anstalt öffentlichen Rechts munter fort, wenn auch unter anderem Namen. Der neue Name wurde wie zur politischen Spurenverwischung so kompliziert gewählt, daß ihn sich wohl niemand richtig merken kann.

Die angebliche Auflösung der Treuhandanstalt war eine für die Öffentlichkeit bestimmte Symbolhandlung, zu der sich die Bundesregierung durch eine politische Selbstverpflichtung gezwungen sah. Auf die näheren Umstände wird im folgenden Abschnitt eingegangen, wo es um die Einzelheiten der gescheiterten Treuhandauflösung geht. Hier kommt es zunächst auf die rein institutionelle Seite an. Daß wesentliche Bereiche der Treuhandtätigkeit auch nach dem Abschluß des Privatisierungsgeschäfts weitergeführt werden müßten, war den Beteiligten frühzeitig klar. Schon im August 1992 hatte der Vorstand der Treuhandanstalt auf einer Klausurtagung in Lindow das Hauptproblem ins Auge gefaßt: Die Treuhandanstalt mußte in die Normalität der bundesstaatlichen Strukturen überführt und gleichzeitig als funktionsfähige organisatorische Einheit erhalten werden, um den operativen Alltag der Treuhand und damit die Erledigung des Privatisierungsauftrages nicht zu gefährden.

Der verwaltungspolitische Kern der gescheiterten Treuhandauflösung ist daher, daß mit den nicht-aufgelösten Treuhandstrukturen ein zentrales Element von DDR-Staatlichkeit erhalten blieb, das naturgemäß mit der westdeutschen Normalverfassung von föderativen Strukturen und kommunaler Selbstverwaltung unvereinbar ist.

In ihrem "Zeit"-Artikel vom September 1995 hat sich die vormalige Präsidentin der Treuhandanstalt weiterhin an die von ihr geprägte und aufrechterhaltene Sprachregelung gehalten. Am Scheitern der ursprünglich geplanten und von ihr persönlich maßgeblich konzipierten Auflösung der Treuhandanstalt hat Frau Breuel jedoch selbst keinen Zweifel gelassen. Nachdem die über zweieinhalb Jahre hinweg entwickelten Pläne für eine tatsächliche Auflösung gescheitert waren, richteten Präsidentin und Vizepräsident der Treuhandanstalt am 30. März 1994 ein Schreiben an den Bundesfinanzminister, den Bundeswirtschaftsminister und den Chef des Bundeskanzleramtes, in dem sie feststellten, die Bundesregierung habe nun "auf eine Auflösung der Treuhandanstalt verzichtet. Die Treuhandstalt, die wir immer als eine Übergangseinrichtung verstanden haben, bleibt erhalten, wenn auch unter einem anderem Namen".[10]

---

10 Dieses Schlüsseldokument ist, offensichtlich zum Zweck der nachträglichen Rechtfertigung, abgedruckt in der fünfzehnbändigen "Dokumentation 1990 bis 1994", welche die Treuhandanstalt zum Abschluß ihrer Tätigkeit am 31. Dezember 1994 herausgegeben hat. Vgl. Treuhandanstalt (Hrsg.): Dokumentation 1990-1994. Berlin: Eigenverlag 1994. Band 15: 290-295. Die Präsidentin der Treuhandanstalt führte dort weiter aus: "Der Vorstand der Treuhandanstalt sieht es als seine Pflicht an, auf die erheblichen Nachteile hinzuweisen, die nach seiner Überzeugung mit dem faktischen Verzicht auf die Auflösung (sic!) verbunden sind. Diese bestehen vor allem (a) in der Fortschreibung der Bündelung der vereinigungsbedingten wirtschaftlichen Aufgaben in einer Großeinheit Treuhandanstalt statt der geplanten Verteilung auf einzelne, spezialisierte Organisationseinheiten, (b) in der Verlängerung des politischen Sonderregimes für die neuen Bundesländer, das eine Verlängerung der Übergangszeit nach der Wiedervereinigung statt eines Übergangs in die Normalität unserer bundesstaatlichen Ordnung bedeutet, (c) in dem Verzicht auf die kaufmännische Dominanz

Mit Verwaltungspolitik hat die gescheiterte Auflösung der Treuhandanstalt eben dies zu tun, daß ein von langer Hand vorbereiteter organisatorischer Gestaltungsprozeß in einem Fiasko endete, das so drastisch war, daß es zur möglichst wirksamen Verschleierung gegenüber der interessierten Öffentlichkeit kaum eine Alternative gab. Genau gesehen stellen sich aber zwei Fragen, die uns im Folgenden beschäftigen sollen. Eine bedeutende Frage ist zweifellos, wie das Scheitern der Treuhandauflösung zu erklären ist. Die andere Frage aber ist, wie es im Jahre 1990 überhaupt zu Etablierung einer Institution kommen konnte, deren Unvereinbarkeit mit der Generallogik der Wiedervereinigung, nämlich der Übertragung der westdeutschen Normalverfassung in Politik und Wirtschaft von West nach Ost offenkundig war.

≡ Abb. 2: Entwicklung des Mitarbeiterstamms der Treuhandanstalt 1990-1994

Treuhandanstalt (ohne Funktionalgesellschaften wie TLG, BVVG etc.), jeweils zum 31.12.:

1990	1991	1992	1993	1994
1.231	3.410	3.614	3.593	2.795

Funktionalberater und Sachverständige auf Vollzeitbasis

1990	1991	1992	1993	1994
*	800	970	900	540

Quelle: Treuhandanstalt, Abteilung PGU
* = keine Daten

Hier geht es der chronologischen Reihenfolge entsprechend zunächst um die Ereignisse des Jahres 1990.

Beginnen wir in vereinfachter Form, also ohne eine Rekonstruktion der verwickelten Entstehungsgeschichte der Treuhandanstalt (vgl. dazu Fischer/Schröter 1993). Die Treuhandanstalt war unter der letzten kommuni-

> bei den Entscheidungen im Bereich Vertragsmanagement, Reprivatisierung und Abwicklung, (d) in dem Verzicht auf die Chance zur Rationali-sierung und Effizienzsteigerung des BAROV [Bundesamt zur Regelung offener Vermögensfragen; W.S..] im Rahmen der Zusammenlegung mit den hochheitlichen Aufgaben der Treuhandanstalt." (a.a.O.: 289 - 290). Die Veröffentlichung dieses Schreibens ist ein sehr ungewöhnlicher Vorgang, der allerdings in der Öffentlichkeit ebenso wenig Beachtung gefunden hat wie die in dem Dokument angesprochenen verfassungspolitischen Folgen der faktischen Fortexistenz der Treuhandanstalt unter anderem Namen.

stisch geführten Regierung der DDR unter dem Ministerpräsidenten Hans Modrow zu dem pragmatischen Zweck ins Leben gerufen worden, das Volkseigene Vermögen der DDR Firma für Firma in Unternehmensformen nach westdeutschem Gesellschaftsrecht umzuwandeln und in Treuhänderschaft zu verwalten. Nach der ersten und letzten freien Volkskammerwahl vom 18. März 1990 wurden von der neuen Regierung unter dem Christdemokraten Lothar de Maizière zügig Vorbereitungen für ein neues Treuhand-Gesetz getroffen, das durch historischen Zufall ausgerechnet am 17. Juni verabschiedet wurde. Zwecksetzung der Treuhandanstalt war nun, wenn auch in etwas vager Formulierung, in erster Linie die Privatisierung des volkseigenen Vermögens (in der Präambel des Gesetzes war die Rede von der Absicht, "die unternehmerische Tätigkeit des Staates durch Privatisierung so rasch und so weit wie möglich zurückzuführen").

Zu diesem Zeitpunkt war die Treuhandanstalt nicht viel mehr als ein großes Notariatsbüro mit etwa 120 Mitarbeitern und Mitarbeiterinnen in der Berliner Zentrale und 200 bis 300 in den fünfzehn Außenstellen. Das Personal der Berliner Zentrale rekrutierte sich im wesentlichen aus Angehörigen der früheren Plankommission beim DDR-Ministerrat und der Industrieministerien, das Personal der fünfzehn Außenstellen der Treuhandanstalt kam aus den zuständigen Stellen für die sogenannten bezirksgeleiteten Kombinate bei den Bezirksverwaltungen der DDR. Eine Organisation für die zügige Privatisierung des größten staatlichen Industriebesitzes in der westlich-kapitalistischen Welt mußte erst noch aufgebaut werden.

Gerade im Fall der Treuhandanstalt lassen sich nun die Leitideen von Politikern und die operativen Gestaltungsoptionen einer Kerntruppe von Experten gut unterscheiden, was die Darstellung der verwickelten, um nicht zu sagen dialektischen Wechselbeziehungen zwischen beiden Orientierungsebenen, erleichtert.

Leitidee der Protagonisten des neuen Treuhandgesetzes vom 17. Juni 1990 war die Zerschlagung der zentralistischen DDR-Wirtschaftsverwaltung. Das Gesetz forderte in § 7 ausdrücklich eine "dezentrale Organisationsstruktur", deren tragendes Element sogenannte Treuhand-Aktiengesellschaften sein sollten. Diese Treuhand-Aktiengesellschaften sollten die als "marktnah" verstandene Steuerungsstruktur für den industriellen Staatsbesitz abgeben. Die Treuhandanstalt selbst hingegen sollte eine relativ kleine Aufsichtsbehörde bleiben. Dem lag die politische Absicht zugrunde, in der neuen Wirtschaftsverwaltungsstruktur vor allem einen klaren Bruch mit dem System der DDR-Industrieministerien zu vollziehen. Die vorläufig noch als "Außenstellen" der Treuhandanstalt weitergeführten Leitungen der kleineren Kombinate in den Bezirksverwaltungen sollten bis zum 31. Dezember 1990 aufgelöst werden.

Diese Leitideen blieben jedoch nicht mehr als gut gemeinte Absichten. Mit der Währungsunion vom 1. Juli 1990, die technisch einer Aufwertung von mehr als 300% gleichkam, setzte im Osten des staatlich noch geteilten Deutschlands eine wirtschaftliche Depression ein, die historisch ohne Parallele ist. Bis zum Ende des Jahres 1990 sollte die Industrieproduktion auf die Hälfte des Vorjahresstandes sinken, die industriellen Erzeugerpreise also die betrieblichen Erlöse sanken in ähnlicher Größenordnung, und gleichzeitig kündigten sich massive Freisetzungen von Arbeitskräften an. Für eine Kostenentlastung auf der Lohnseite aber fehlte jeder Spielraum, weil ausgerechnet die schnelle Anhebung des Lebensstandards zu den wohlmeinenden Versprechungen der westdeuschen Politiker im Zusammenhang mit Währungsunion und Wiedervereinigung gehörte.

Diese Eckdaten der politischen und wirtschaftlichen Entwicklung des Jahres 1990 sind weitgehend geläufig. Weitaus weniger bekannt sind ihre unmittelbaren Rückwirkungen auf die Organisationsstruktur der Treuhandanstalt. Die Währungsunion und ihre Folgen machten indirekt auch die Leitidee einer dezentralen Organisationsstruktur als Alternative zum Wirtschaftsverwaltungszentralismus des SED-Regimes zu Makulatur.

Als sich die neuen Organe der Treuhandanstalt auf der Grundlage des Gesetzes vom 17. Juni 1990, Verwaltungsrat und Vorstand, Mitte Juli 1990 konstituierten, befanden sich die politischen und administrativen Institutionen der DDR - mit Ausnahme der intensiv arbeitenden Regierung und der Volkskammer - in Agonie, die Wirtschaft aber war bereits im freien Fall begriffen. Die dezentrale Organisationsstruktur für das Treuhandvermögen mit vier gewaltigen Aktiengesellschaften als tragende Säulen mußten nun den neu aus dem Westen eingewechselten Leitungspersönlichkeiten der Treuhandanstalt, allen voran dem Verwaltungsratsvorsitzenden Rohwedder, als viel zu schwerfällig und unkontrollierbar erscheinen (vgl. Seibel 1993: 117-121). Die Zweifel des Verwaltungsratsvorsitzenden Rohwedder, ob der Vorsitzende des Vorstandes (mit der Amtsbezeichnung "Präsident") - dies war der frühere Bundesbahnchef Gohlke - gewillt und in der Lage sein würde, zunächst einmal im Bereich von Organisation und Binnenmanagement das Ruder herumzuwerfen, haben maßgeblich zur Ablösung des Treuhandpräsidenten Gohlke durch den vormaligen Verwaltungsratsvorsitzenden Rohwedder am 20. August 1990 beigetragen (vgl. Seibel 1993: 115-117).

Rohwedder und eine kleine Gruppe von Beratern, zu denen außer einigen wenigen Unternehmensberatern vor allem Spitzenbeamte aus den Bonner Ministerien für Wirtschaft und Finanzen gehörten, hatten für die Organisationsstruktur des Treuhandvermögens gänzlich andere Gestaltungsoptionen, als es den Leitideen der Volkskammervertreter oder auch nur den Buchstaben des Gesetzes entsprochen hätte. Der vom Gesetz vorgeschriebene Aufbau der Treuhand-Aktiengesellschaften[11] wurde gestoppt, die zur Auflösung vorgesehenen "Außenstellen" der Treuhandanstalt in den DDR-Bezirksverwaltungen wurden in "Niederlassungen" umgetauft, personell, finanziell und organisatorisch grundlegend gestärkt und so als dezentrale Eckpfeiler etabliert. Die Führungspositionen wurden komplett mit Managern - vorwiegend solchen mit mittelständisch-unternehmerischem Hintergrund - aus Westdeutschland neu besetzt. Die Treuhandanstalt selbst, die eigentlich nur eine zwischen dem Bundesfinanzminister und den Treuhand-Aktiengesellschaften angesiedelte aufsichtsführende Fachbehörde hätte werden sollen, war nun mit dem operativen Geschäft, also mit der Durchführung der Sanierungs- und Privatisierungsaufgaben selbst betraut. Sie sollte in etwas mehr als einem Jahr zu einer Behörde mit 3.600 Mitarbeitern und weiteren 900 freien Beratern und Sachverständigen heranwachsen.

Diesem völligen Wandel der administrativen Grundstruktur für die Verwaltung und Verwertung des volkseigenen Vermögens (das mit dem 3. Oktober 1990 Bundesbesitz wurde) mußte auch die Berliner Zentrale angepaßt werden. Sie hatte zunächst eine funktionale Organisationsgliederung nach Querschnittsaufgaben, die der Aufsichtsfunktion nach dem Gesetz Rechnung trugen. So gab es zwei zentrale Vorstandsbereiche für "Privatisierung" und "Sanierung". Nunmehr, im Herbst 1990[12], erhielt die Treuhand-Zentrale eine divisionale Gliederung nach Branchen. Dies war die zwangsläufige Folge der Ablösung der Aufsichtsfunktion durch das nun zu bewältigende operative Geschäft, bei dem es in der Tat auf eine branchenspezifische Ausrichtung der Steuerungs- und Kontrollstrukturen ankam.

Die Pointe: In Verbindung mit den als "Treuhand-Niederlassungen" wiederbelebten Verwaltungen der früheren bezirksgeleiteten Kombinate glich die Organisationsstruktur der Treuhandanstalt nun wieder bis ins Detail der Struktur der DDR-Wirtschaftsverwaltung, die nach dem Willen der Volkskammer und nach den Buchstaben des Gesetzes vom 17. Juni 1990 gerade hatte überwunden werden sollen. Ja mehr noch: Hatte es in der DDR-Wirtschaftsverwaltung noch eine gewisse Machtverteilung auf die Plankommission beim Ministerrat einerseits und die Industrieministe-

---

11 § 7 Abs. 2 des Treuhandgesetzes vom 17. Juni 1990 forderte: "Die Treuhandanstalt wird beauftragt, unverzüglich, spätestens innerhalb von zwei Monaten nach Inkrafttreten dieses Gesetzes, im Wege der Bargründung Treuhand-Aktiengesellschaften zu gründen".
12 Eine recht präzise Schilderung dieser Reorganisationsprozesse gibt Kemmler (1994: 230ff.).

rien andererseits gegeben, so waren die Kompetenzen nun allein in der Treuhandanstalt gebündelt. Und der Verzicht auf die Treuhand-Aktiengesellschaften war nichts anderes als ein illegaler Coup, der nur in der Agonie der DDR wenige Wochen vor dem Ende ihres Bestehens weitgehend unbeachtet und jedenfalls völlig ungestraft hingehen konnte. Diese Reorganisationsmaßnahmen mußten im Stile eines illegalen Coups durchgeführt werden, weil der Ministerpräsident der DDR sich gegenüber dem Treuhandpräsidenten nicht in der Lage sah, die Durchsetzung einer Änderung des Treuhand-Gesetzes in der Volkskammer zuzusichern (vgl. Kemmler, 1994: 223).

Allerdings: das gleiche, was heute über die Währungsunion vom 1. Juli 1990 und ihre sofortigen katastrophalen Auswirkungen für die Wirtschaft im Osten Deutschlands gesagt werden kann - nämlich: daß sie gleichwohl ohne Alternative war - gilt auch für die illegale Wiederherstellung der DDR-Wirtschaftsverwaltungsstrukturen durch den Treuhand-Präsidenten Rohwedder. Mutmaßlich hat nur eine einheitliche, rigide, professionell sowie zentral und dezentral straff geführte Organisation verhindern können, daß der gewaltige staatliche Industriebesitz im Osten Deutschlands mit seinen mehr als 8.000 Unternehmen und rund vier Millionen Beschäftigten im völligen Chaos versank.[13]

3.6 Sechste Geschichte: Die gescheiterte Auflösung der Treuhandanstalt - oder: Totgesagte leben länger

Daß die Treuhandanstalt die Wirtschaftsverwaltungsstrukturen der DDR fortleben ließ, daß sie nach der Wiedervereinigung vom 3. Oktober 1990 einen nicht-verfassungskonformen Bundeszentralismus repräsentierte, und daß sie deshalb lediglich ein notwendiges Übel und Provisorium sein konnte, unterlag in der Spitze der Anstalt und in der Bonner Ministerialbürokratie keinem Zweifel. Dies prägte auch die Überlegungen zur Auflösung der Treuhandanstalt. Dabei bestand das zentrale Problem darin, effiziente Strukturen für die verbleibenen Aufgaben zu schaffen und die Zentrifugalkräfte der Auflösungsperspektive im personellen Bereich unter Kontrolle zu halten.

---

13 Die Metapher vom "Chaos" wurde bezeichnenderweise auch vom zurückgetretenen Treuhand-Präsidenten Gohlke benutzt. Vgl. Frankfurter Allgemeine Zeitung vom 21.8.1990: 11, und Archiv der Gegenwart, 3. Oktober 1990: 34920. Festzuhalten ist jedenfalls, daß die unter Rohwedder hergestellte Kernstruktur der Treuhandanstalt über alle wirtschaftlichen und insbesondere auch politischen Turbulenzen hinweg bis zum 31.12.1994 Bestand hatte.

Die konzeptionellen Überlegungen zur Auflösung der Treuhandanstalt wurden wiederum in einem kleinen Expertenkreis aus Vertretern der Treuhandanstalt, des Bundesfinanzministeriums und des Bundeswirtschaftsministeriums erörtert und entwickelt. Im Unterschied zur Situation im Jahre 1990 gab es nun eine vermeintlich klare und verbindliche Leitidee - nämlich die Angleichung der Staat-Wirtschaft-Beziehungen in Ostdeutschland an den westdeutschen Normalstandard - aus der nach den Vorstellungen der Kerntruppe von Experten entsprechende organisatorische Gestaltungsoptionen abzuleiten waren. Dabei ging man von den Grunderwartungen aus, daß der Privatisierungsauftrag bis 1994 zu erfüllen war, daß neben der Beteiligungsverwaltung eines kleinen Restbestandes an bundeseigenen Unternehmen die Betreuung der Privatisierungsverträge (Vertragsmanagement), Reprivatisierung und Abwicklung die Hauptaufgaben der Treuhand-Nachfolgeorganisation mit einem zu bewältigenden Finanzvolumen von insgesamt etwas weniger als 100 Milliarden DM seien, und daß sich der übrige Aufgabenbestand aus den hoheitlichen Aufgaben (Klärung von Eigentumsfragen) sowie aus der Verwaltung und Verwertung von Grund und Boden zusammensetzen werde.

Aus dem Abstimmungsprozeß zwischen Treuhandspitze und Bonner Ministerialbürokratie ging im Spätsommer des Jahres 1993 ein Referentenentwurf für ein "Treuhandstrukturgesetz" (so die anfängliche Entwurfsbezeichnung) hervor. Dieser eröffnete die Option zur Zerteilung der Treuhandanstalt in mehrere, auch privatrechtliche Träger für die verbleibenen Treuhand-Aufgaben, so wie es im Auflösungskonzept der Treuhandanstalt selbst vorgeschlagen worden war. Intern wurde dieses Konzept als "Divisionalisierung" gekennzeichnet. Dem lag die Vorstellung zugrunde, relativ kleine, gesellschaftsrechtlich und organisatorisch flexible Einheiten zu schaffen, die wirtschaftsnah operieren könnten. Insbesondere sollte die Kernaufgabe der Treuhand-Nachfolgeaktivitäten, das Vertragsmanagement, privatrechtlich organisiert und an Wirtschaftsprüfungsgesellschaften gekoppelt werden. Damit schien die Möglichkeit zu bestehen, hochqualifizierte Mitarbeiter lange 'bei der Stange zu halten', weil sich für diese ein gleitender Übergang vom Treuhand-Nachfolgegeschäft zu Normalaktivitäten der privatrechtlichen Vertragsmanagement-Agenturen ergeben könnte.

Dazu sollte es jedoch nicht kommen. Widerstand gegen den Referentenentwurf und das Auflösungskonzept kam im Spätherbst 1993 ausgerechnet aus den Koalitionsfraktionen. Der Leipziger CDU-Bundestagsabgeordnete Pohler verwahrte sich in einem Brief an den Bundesfinanzminister dagegen, daß Finanzministerium und Treuhandanstalt den Eindruck erweckten, die Planungen für die Treuhand-Nachfolge müßten vom Parlament nur noch ratifiziert werden (vgl. Frankfurter Allgemeine Zeitung vom 11.12.1993: 12). Im Dezember setzte der Abgeordnete Friedhoff (FDP) im Haushaltsausschuß die Einholung eines Gutachtens der FDP-nahen Unternehmensberatung Kienbaum zum Referentenentwurf der Regierung durch. Dieses Gutachten lag im März 1994 vor und kritisierte vor allem die privatrechtliche Lösung für die Organisation des Vertragsmanagements. Die Koalitionsabgeordneten im Haushaltsausschuß machten sich diese Kritik zueigen, worauf der Ausschuß am 9. März 1994 das Konzept der Bundesregierung verwarf.[14]

Nach diesem ungewöhnlichen Vorgang versuchte die Expertengruppe in der Treuhandanstalt unter unmittelbarer Beteiligung der Präsidentin und des Vizepräsidenten vom Auflösungskonzept zu retten, was noch zu retten war. In einem Kompromißvorschlag wurde die zunächst als privatisierte GmbH konzipierte Organisationseinheit für Vertragsmanagement, Reprivatisierung und Abwicklungsbetreuung (VRA), nun als Bundesanstalt des öffentlichen Rechts konzipiert (BVS), und die hoheitlichen Aufgaben sollten nun nicht mehr in die Treuhand-Nachfolgeinstitution BVS integriert, sondern an das Bundesamt zur Regelung offener Vermögensfragen (BAROV) abgegeben werden.

Auch dieser Kompromißvorschlag, der nach den Vorstellungen der Treuhand-Spitze wenigstens die "Divisionalisierung" und damit das Prinzip kleiner, spezialisierter Nachfolgeeinheiten mit entsprechenden Flexibilitätsvorteilen erhalten hätte, wurde nach einem Gespräch zwischen Treuhand-Vorstand einerseits und den leitenden Beamten des Bundeskanzleramtes, des Bundesfinanzministeriums und des Bundeswirtschaftsministeriums andererseits am 25. März 1994 von den Vertretern der Bundesregierung abgelehnt.

Im Ergebnis wurden die hoheitlichen Aufgaben sowie die Aufgaben des Vertragsmanagements, der Reprivatisierung und der Abwicklungsbetreuung in einer Bundesanstalt, der BVS, zusammengefaßt. Gleichzeitig blieb die BVS als Treuhandnachfolgerin weiterhin Eigentümerin land- und forstwirtschaftlicher Flächen, die von einer privatisierten GmbH, der bereits seit 1991 existierenden Bodenverwaltungs- und Verwertungsgesellschaft (BVVG), im Rahmen eines Geschäftsbesorgungsvertrages verwaltet und verwertet werden sollten.

Was bedeutete dies? In dem oben bereits zitierten Brief der Präsidentin und des Vizepräsidenten der Treuhandanstalt vom 30. März 1994 an den

---

14 Diese Abläufe sind dokumentiert in einem internen Bericht des Bundesministeriums der Finanzen, BMF-Vorlage Nr. 23/94 VIIA2, abgedruckt in Treuhandanstalt (Hrsg.). Dokumentation 1990-1994. Berlin: Eigenverlag 1994. Bd. 15: 249-257.

Bundesfinanzminister, an den Bundeswirtschaftsminister und den Staatsminister im Bundeskanzleramt heißt es:

> "Mit der dadurch [mit dem neuen Organisationsvorschlag der Bundesregierung; W.S.] entstehenden Konzentration von rund 70% des für die verbleibenden Aufgaben ... in den Nachfolge-Einrichtungen Anfang 1995 noch erforderlichen Personals in der Anstalt des öffentlichen Rechts [gemeint ist die BVS; W.S.] ... ist die ursprüngliche Idee der Divisionalisierung und Auflösung der Treuhandanstalt nicht mehr realisiert".

Dies, so die Treuhandspitze, laufe auf einen "faktischen Verzicht auf die Auflösung der Treuhandanstalt" hinaus.[15]

Was hat die Vertreter der Bundesregierung im März 1994 veranlaßt, die Pläne der Treuhandanstalt zur Selbstauflösung, die von der Bundesregierung ja bereits gebilligt waren, zu stoppen? Daß dies nicht ohne allerhöchste Autorisierung geschehen war, versteht sich von selbst. Die Forschung hierzu ist noch nicht abgeschlossen. Soviel aber ist zu mutmaßen: Der Widerstand der Parlamentarier aus der eigenen Koalition hatte das Bundeskanzleramt überrascht und irritiert. Ob man in Berlin in der Leipziger Straße bei den Auflösungsplänen mit dem notwendigen Fingerspitzengefühl vorgegangen war oder ob nicht die Selbstauflösung als Ziel verabsolutiert, um nicht zu sagen, dogmatisiert worden war, schien aus der Bonner Regierungsperspektive vielleicht nicht mehr sicher. Die Kommunikationsprobleme zwischen Treuhand-Spitze und Bonner Parlamentariern waren notorisch. Die so oder so verbleibende faktische Verantwortung des Bundes für die regionale Strukturentwicklung der ostdeutschen Wirtschaft - so konnte es sich aus der Perspektive des für Wirtschaft zuständigen damaligen Abteilungsleiters im Bundeskanzleramt darstellen - konnte mit unmittelbaren, mehr oder weniger zentralistischen Steuerungsstrukturen womöglich ohnehin besser wahrgenommen werden als mit einem "Divisionalisierungs"-Konzept nach den Vorstellungen der Treuhand-Spitze. Jedenfalls lohnten alle diese Unwägbarkeiten nicht eine Verschärfung des Konflikts mit der eigenen parlamentarischen Basis. Die faktische Fortschreibung der Treuhand-Strukturen, die ihrerseits Fortschreibungen der DDR-Wirtschaftsverwaltungsstrukturen waren, mußten in Kauf genommen werden, weil die komplizierten organisationsstrukturellen Zusammenhänge in der Öffentlichkeit ohnehin nicht verstanden worden wären (selbst die einschlägig arbeitenden Journalisten hatten sich für die Binnenstruktur der Treuhandanstalt nie sonderlich interessiert) und nicht zuletzt, weil man auf die Loyalität der Führungsspitze der Treuhandanstalt rechnen konnte. Tatsächlich machte die Präsidentin der Treuhandanstalt öf-

---

15 Alle Zitate finden sich in der angegebenen Dokumentation, a. a. O.: 289.

fentlich gute Miene zu diesem Spiel und sie nahm am 30. Dezember 1994 selbst den Schraubenzieher in die Hand, um das entsprechend vorpräparierte Türschild der Treuhandanstalt zum Abschluß der letzten Pressekonferenz abzumontieren.

Abb. 3: Vorschlag der Bundesregierung im Entwurf des Berichts an den Haushaltsausschuß zum 20.4.1994

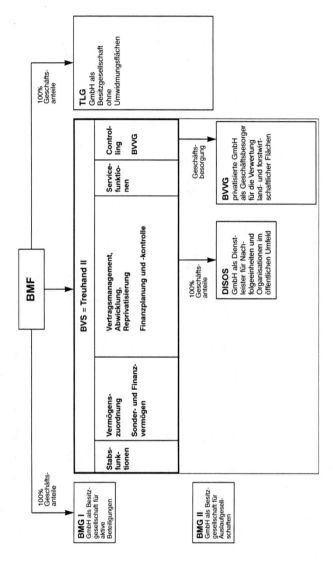

Die Größen der Kästen spiegelt in etwa die Personalkapazität wider.

Quelle: Treuhandanstalt (Hrsg.). Dokumentation 1990-1994. Berlin: Eigenverlag 1994. Bd. 15: 291.

Abb. 4: Konzept der Treuhandanstalt (Schlußfolgerungen aus dem Haushaltsausschuß – Beschluß vom 09.03.1994)

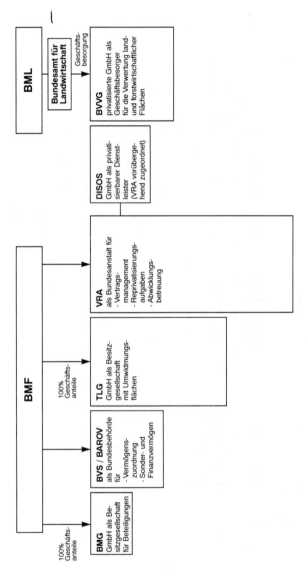

Die Größen der Kästen spiegelt in etwa die Personalkapazität wider.

Quelle: Treuhandanstalt (Hrsg.). Dokumentation 1990-1994. Berlin: Eigenverlag 1994. Bd. 15: 291.

4. Erfolg und Mißerfolg: Woran hat's gelegen?

Wir haben ein einfaches Erfolgskriterium für die hier untersuchten verwaltungspolitischen Gestaltungsprozesse gewählt: Wenn die Kerntruppe der Experten mit ihren Gestaltungsoptionen durchgedrungen ist, so bezeichnen wir dies als einen Erfolg, soweit dies nicht gelungen ist, werten wir es als Mißerfolg. Auf die Relativität dieser Klassifizierung werden wir im sechsten und letzten Kapitel dieser Schrift noch zurückkommen. Die Einteilung folgt aber ganz pragmatischen Zwecken, denen sie in hinreichender Weise dienlich ist. Wir wollen etwas mehr darüber erfahren, welche Faktoren grundsätzlich zum Gelingen oder zum Scheitern verwaltungspolitischer Gestaltungsoptionen beitragen können.

Selbst bei einem so pragmatischen Erklärungszweck sind jedoch weitere einschränkende Bemerkungen am Platze. Vor allem soll hier das verwaltungswissenschaftliche Rad nicht zum zweiten Mal erfunden werden. Die Erfolgs- und Mißerfolgsbedingungen von verwaltungsgestaltenden oder jedenfalls -beeinflussenden Projekten und Programmen standen nach dem Auflaufen wohlfahrtsstaatlicher Modernisierungsprogramme in vielen westlichen Industrieländern, so auch in der damaligen Bundesrepublik, vor nunmehr fast zwanzig Jahren im Mittelpunkt des verwaltungswissenschaftlichen Interesses. "Implementationsforschung" hieß damals das Schlagwort. Schon damals stellte sich bald heraus, daß das Streben nach komplexen Modellen linearer Kausalität illusorisch war (vgl. Mayntz 1983: 15-19). Aussagen darüber, welche Bedingungen erfüllt sein müssen, damit eine Verwaltungsreform erfolgreich verläuft, sind nicht erreichbar. Die Verwaltungswissenschaft sollte deshalb redlicherweise auch gar nicht suggerieren, als könne sie derartige Präskriptionen von irgendeinem praktischen Nutzen hervorbringen.

Diese Beschränkung ist nicht auf die Bescheidenheit der Wissenschaftler zurückzuführen (von der eingangs schon einmal die Rede war), sondern auf unseren spezifischen Gegenstand. Verwaltungsreformen sind immer singuläre Ereignisse, bei denen kein Fall dem anderen gleicht. Jedes Teilgeschehen läßt sich in eine große Zahl von Variablen zerlegen und die Zahl der Variablen übersteigt die Zahl der Fälle bei weitem. Dies sind nach dem Einmaleins der Wissenschaftstheorie denkbar schlechte Voraussetzungen für die Bildung überprüfbarer Hypothesen, geschweige denn für die Formulierung von gesetzesartigen Aussagen. Bei nicht wenigen Wissenschaftlern schlägt aus diesem Grunde dann doch die Bescheidenheit durch, so daß sie lieber wenige Variablen an vielen Fällen untersuchen, statt sich auf das Glatteis nichtoperationaler Mutmaßungen über Zusammenhänge von Strukturen und Prozessen bei Verwaltungsreformen oder ähnlich obskuren Phänomenen zu begeben.[1]

Die vorliegende Schrift arbeitet deshalb mit einem Kunstgriff, der die Interpretation der geschilderten Fälle einigermaßen überschaubar hält und dennoch dem zu gewissen Interpretationsleistungen bereiten Leser Angebote für verallgemeinernde Schlüsse macht. Zunächst wurde eine Hypothese formuliert, bei der wir auf die Evidenz des Augenscheins vertrauten: Der Handlungsspielraum bei verwaltungsorganisatorischen Gestaltungsprozessen wird maßgeblich durch Personen und Ideen strukturiert. Wir haben es mit Akteuren zu tun, die sich aus bestimmten Gründen - die zunächst nicht näher zu interessieren brauchen - auf bestimmte Problemwahrnehmungen festgelegt haben, aus denen sie bestimmte verwaltungspolitische Prinzipien bzw. bestimmte verwaltungsorganisatorische Gestaltungsoptionen ableiten. Die in Kapitel 3 vorgestellten Fallschilderungen sind so konstruiert, daß sie gewissermaßen das Schicksal der verwaltungsorganisatorischen Gestaltungsoptionen im Verlauf der maßgeblichen Entscheidungsprozesse verfolgen. Das vereinfacht zunächst die Darstellung der Fälle. Ob es auch die Erklärung der Prozeßverläufe erleichtert, ist eine offene Frage, die der Leser, wie zu hoffen bleibt, am Ende dieses Kapitels vielleicht besser zu beantworten weiß als am Ende des vorangegangenen Kapitels.

In diesem Kapitel werden nämlich statt kausalanalytischen Hypothesen über Bedingungen von Erfolg oder Mißerfolg verwaltungsorganisatorischer Gestaltungsprozesse Variablendimensionen herangezogen, von denen wir annehmen dürfen, daß sie für den relativ erfolgreichen oder relativ erfolglosen Verlauf dieser Prozese jedenfalls *eine* Bedeutung haben, wenn wir auch Verallgemeinerungen über eine *bestimmte* Bedeutung jenseits der von uns untersuchten Fälle nicht vornehmen können. Das kann aber der Leser anstelle des Autors tun, jedenfalls der *kundige* Leser. Der kundige Leser ist einer, dem die geschilderten Fälle nicht grundsätzlich unbekannt sind, weil er oder sie mit ähnlichen Konstellationen irgendeine Art von Erfahrung gesammelt hat. Bei dieser kleinen Reise durch die ostdeutsche Verwaltungsreformlandschaft kommt einem eben manches be-

---

[1] Daß sich auch Verwaltungsreformen, eine hinreichende Zahl verfügbarer Fälle vorausgesetzt, mit beschränkter Variablenauswahl und operationalen Hypothesen untersuchen lassen, versteht sich von selbst. Auf der Basis von, sagen wir, zwei, drei oder vier Dutzend Verwaltungsreformfällen könnten wir dann überprüfen, in welchem Maße die Durchsetzung verwaltungsorganisatorischer Gestaltungsoptionen mit der politischen Farbe der jeweiligen Regierung, dem Bildungsstand der maßgeblichen Akteure, dem zeitlichen Abstand zur letzten Reform etc. korreliert. Nicht weniger, aber eben auch nicht mehr.

kannt vor. Gleichwohl gilt auch hier, was der gute Reiseführer für sich ins Feld führt: Man sieht nur, was man weiß. Eine solche Orientierungshilfe soll dieses Kapitel liefern. Dazu wurden Variablendimensionen ausgewählt, in denen offensichtlich wichtige Erklärungsfaktoren für das Verständnis der in Kapitel 3 geschilderten verwaltungsorganisatorischen Gestaltungsprozesse, ihres Erfolges bzw. ihres Mißerfolges, angesiedelt sind. Dies ist also der *Versuch*, zu verallgemeinernden Aussagen über Erfolgs- und Mißerfolgsbedingungen verwaltungspolitischer Prozeßverläufe zu gelangen, der bereits gelungen wäre, wenn die Leserin oder der Leser sich anhand des sich hier Dargebotenen einen besseren Reim machen könnte auf die Verwaltungswirklichkeit, mit der sie oder er es aus der Nähe oder aus der Distanz zu tun haben mag (vgl. Lieberson 1992).

Die sechs Variablendimensionen, deren Wirken wir für die geschilderten Prozeßverläufe für nennenswert halten, beziehen sich auf Kognitionen (Abschnitt 4.1), Kommunikation (4.2), Macht (4.3), Zeit (4.4), Persönlichkeit (4.5) und Kosten und Nutzen (4.6).

4.1 Kognitionen – oder: Wie sich Leute etwas in den Kopf setzen und wie sie mit dem zurechtkommen, was sich andere in den Kopf gesetzt haben

Wie weit man die Entstehung eines Reformprozesses zurückverfolgen will, ist eine Entscheidung des Betrachters. Unsere Betrachtung hat dort angesetzt, wo sich aus der Sicht des außenstehenden Beobachters Leitideen von politischen Entscheidungsträgern und Gestaltungsoptionen von Experten herausgebildet hatten. Bei den Gestaltungsoptionen - also bei den Vorstellungen der Kerntruppe von Experten, die mit dem Entwurf organisatorischer Gestaltungskonzepte unmittelbar betraut sind - wollen wir noch einmal ansetzen, weil es allein in dieser kognitiven Dimension weitere Faktoren gibt, also: intervenierende Variablen, die allem Anschein nach auf das 'Schicksal' dieser Gestaltungsoptionen im weiteren Prozeßverlauf eingewirkt haben.

4.1.1 Leitideen und Gestaltungsoptionen als unabhängige und als abhängige Größen

Grundsätzlich betrachten wir im gesamten Verlauf dieser Studie die kognitiven Elemente verwaltungspolitischer Gestaltungsprozesse als unabhängige Variablen, das heißt: wir fragen nicht weiter nach ihrem Zustandekommen. Von diesem Grundprinzip weichen wir in diesem Unterabschnitt für einen Moment ab, weil dadurch das Verständnis der Wirkung von Leitideen und Gestaltungsoptionen als unabhängige, also determinierende Variablen erleichtert wird. Dabei ist die Isolierung von Variablen, gleich ob als abhängige oder als unabhängige, immer ein analytisches Konstrukt, ein Abstraktum, das zwangsläufig von vielen anderen Wirkungsfaktoren und Merkmalsnuancen absieht. Die Wirkung einer Idee ist zum Beispiel immer auch beeinflußt von der Persönlichkeitsstruktur ihrer Protagonisten, von deren relativem Machtpotential oder auch von historischen Zufällen. Trotzdem würden wir Erkenntnismöglichkeiten vergeben, wollten wir auf solche Abstraktionen verzichten.

Im folgenden werden auch nicht alle behandelten Fälle nach der Wirkung von "Ideen" systematisch durchgekämmt, obwohl sich eine signifikante Bedeutung in allen betrachteten Fällen feststellen ließ. In einigen Fällen war diese Bedeutung aber offenkundig mit spezifischen Erkenntnis- und Sozialisationsprozessen der Ideenträger verknüpft und dieser Gesichtspunkt soll im folgenden näher betrachtet werden.

Auf der Ebene der politischen Leitideen ist der Einfluß spezifischer Erkenntnis- und Sozialisationsprozesse in den Fällen der Kreisreform sowohl in Brandenburg als auch in Sachsen sehr deutlich. In Brandenburg lautete die Leitidee der Landesregierung und der sie tragenden Parteien: Dezentralisierung und Kommunalisierung. In Sachsen lautete die Leitidee: Konsensfindung vor Ort.

Es kann zunächst festgestellt werden, daß die politische Motivation hinter beiden Leitideen ein verwaltungspolitisches Demokratisierungsideal war, getragen von Anti-Zentralismus und einer Orientierung auf die Stärkung der dezentralen Gewalten. Aber der kognitive Hintergrund beider Orientierungen war, soweit wir hierüber plausible Mutmaßungen anstellen dürfen, doch ganz unterschiedlich. In Brandenburg waren eher die ostdeutschen Erfahrungen prägend, in Sachsen hingegen eher die westdeutschen. Während in Sachsen die umstrukturierte ehemalige Blockpartei CDU regierte, welche sich auf eine absolute Mehrheit im Parlament stützen konnte, wurde Brandenburg von einer Ampelkoalition unter Führung der neugegründeten SPD regiert. In Sachsen hatte sich also eine vergleichsweise naive West-Auffassung von den Werten der Dezentralisierung und Konsensfindung vor Ort mit hartgesottenen Insidern des früheren DDR-Systems auseinanderzusetzen. In Brandenburg hingegen fanden namentlich die tonangebenden Vertreter von SPD und Bündnis '90 eine weitgehende Tabula-rasa-Situation vor. Dies begünstigte den verwaltungspolitischen Jakobinismus, mit dem man in Brandenburg den alten administrativen DDR-Strukturen ebenso wie den alten Blockpartei-Seilschaften zu Leibe rückte.

In Sachsen hatte der aus dem Westen stammende Ministerpäsident die Devise "Einigt Euch mit den Landräten!" möglicherweise vor dem Hintergrund seiner westdeutschen Erfahrungen ausgegeben. Sollte es so gewesen sein, hätte er das Durchsetzungspotential der Staatsregierung unterschätzt, das Koordinationspotential der dezentralen Gewalten in den Kreisen und kreisfreien Städten dagegen überschätzt. Im Westen mochte es als Regierungschef eine rationale Strategie sein, die Kompetenz- und Verteilungskonflikte die betroffenen Landräte unter sich austragen zu lassen. Im Osten aber, wo es ein Maximum an Umbrüchen und Unsicherheiten und ein Minimum an politisch-administrativer Routine zumal auf der dezentralen Ebene gab, konnte diese Strategie nur ins Ungewisse führen. Wie es richtig gewesen wäre, demonstrierten nicht nur die zum Durchmarsch entschlossenen Verwaltungspolitiker in Brandenburg, sondern auch die baden-württembergischen 'Macher' um den Staatssekretär Angst im sächsischen Umweltministerium. Die Brandenburger gingen mit ihren Landräten nicht zimperlich um, während ihnen der sächsische Ministerpräsident alle zwei Monate in der eigens ins Leben gerufenen Landrätekonferenz seine Referenz erwies. Dies aber nur um im nachhinein festzustellen, daß die alten Blockpartei-Seilschaften, mit denen man sich da einließ, auch nicht den Hauch eines konstruktiven politischen Koordinationspotentials zu mobilisieren vermochten. Das alles hätte eben unter den konsolidierten demokratischen Strukturen im Westen so funktionieren können, im Osten in den Jahren I bis V nach der Wiedervereinigung aber nicht. Dies ist eines der Beispiele, und keineswegs ein unwichtiges, für die Diskrepanz zwischen westlichen Deutungsmustern und ostdeutscher Wirklichkeit und die nichtintendierten Folgen, die dadurch freigesetzt wurden.

Warum aber war das westliche Deutungsmuster im Bereich der sächsischen Umweltverwaltung so produktiv? Mutmaßlich deshalb, weil hier die Entstehungsgeschichte der Deutungsmuster eine andere war, und auch, weil die 'Lernschleifen' wesentlich kürzer ausgelegt waren als im Fall der strategischen Verwaltungspolitik auf Landesebene. Letzteres ist eine Eigenschaft von Verwaltungsfachpolitikern: Der Fachmann, der Ideen in die Tat umsetzen will oder soll, merkt wesentlich schneller als der Politiker, was geht und was nicht geht.

Die Erfahrungswelt des Staatssekretärs im sächsischen Umweltministerium war von den Konstruktionsfehlern der westdeutschen Umweltverwaltung geprägt. Die Stärkung der dezentralen Gewalten auf der Ebene der Landkreise und kreisfreien Städte, die das übergreifende Ziel der Verwaltungspolitik der Staatsregierung bildeten und bilden mußten, mußte in dieser Wahrnehmung lediglich als ein Faktor erscheinen, der, wie man aus Erfahrung wußte, den Gestaltern einer effizienten staatlichen Umweltverwaltung nur das Leben schwermachen konnte. Während also der Ministerpräsident mit dem Erfahrungshintergrund eines westdeutschen Politikers bei der Kreisreform und in vielen anderen Dingen geduldig auf die Meinungsbildung der Landräte wartete, wußte der Staatssekretär im Umweltministerium mit dem Erfahrungshintergrund eines westdeutschen Ministerialbeamten, daß sein Heil nur in der Flucht nach vorn liegen konnte. Der Erfolg sollte ihm Recht geben.

Auch bei der organisatorischen Ausgestaltung der Treuhandanstalt ebenso wie bei dem gescheiterten Versuch ihrer Auflösung können Erfahrungshintergrund und Deutungsmuster der maßgeblichen Protagonisten kaum vernachlässigt werden, wenn wir zu hinreichenden Erklärungen des Prozeßablaufs gelangen wollen. Die Protagonisten des Treuhand-Gesetzes vom 17. Juni 1990 saßen in der ersten demokratischen Regierung der DDR und in den sie stützenden Fraktionen der Volkskammer. Ihr Erfahrungshintergrund war der der zentralistischen Verwaltungsstrukturen der DDR, und ihre Situationsdeutung war von der als völlig selbstverständlich unterstellten Notwendigkeit geprägt, eben diese Strukturen zu zerschlagen. Dies war, wie sich selbst noch aus den Plenarprotokollen der entsprechenden Volkskammersitzungen ablesen läßt, ein weitaus gewichtigeres Ziel als der materielle Auftrag, der mit Hilfe dieser Strukturen zu erledigen war (vgl. Seibel 1993: 113-121). In gewisser Weise war die dezentrale Organisationsstruktur, auf die man sich als sinnfälliges Gegenstück zu den DDR-Industrieministerien und der zentralen Plankommission bei den Beratungen zum Treuhand-Gesetz einigte, ein Kompromiß zwischen denjenigen, die, wie die Parteien des "Demokratischen Aufbruchs" mit der Neugründung der Treuhandanstalt in erster Linie den Privatisierungszweck verfolgten und denjenigen, die, wie weite Teile der an der Regierung beteiligten SPD, der Vorstellung von einem schonenden wirtschaftlichen Strukturwandel mit Hilfe marktnaher, dezentraler Wirtschaftsverwaltungsstrukturen (deren tragende Säulen die im Gesetz vorgesehenen Treuhand-Aktiengesellschaften bilden sollten) anhingen.

Dies waren also die Leitideen für die organisatorische Ausgestaltung der Treuhandanstalt, wie sie auf der politischen Ebene existierten. Nach dem 1. Juli 1990 aber - dem Tag, an dem die Währungsunion und auch das Treuhand-Gesetz in Kraft traten - veränderten sich radikal die maßgeblichen Akteure und damit auch die maßgeblichen Wahrnehmungsmuster. Verwaltungsrat und Vorstand der Treuhandanstalt wurden mehrheitlich mit westdeutschen Managern besetzt. Die zentrale Figur war bereits zu dieser Zeit Detlev Karsten Rohwedder als Verwaltungsratsvorsitzender. Zum einen änderten sich nun die wirtschaftlichen Verhältnisse in der noch existierenden DDR von Tag zu Tag auf dramatische Weise, denn nach der

Währungsunion befand sich die DDR-Wirtschaft im freien Fall. Zum anderen war die Wahrnehmung der westdeutschen Manager an der Spitze der Treuhandanstalt in kaum einer Weise von den Dezentralisierungs- und Demokratisierungsidealen der Volkskammervertreter beeinflußt. Im Gegenteil: Diese Leitideen mußten sich nun als völlig illusorisch darstellen, gewissermaßen als ein in demokratischer Absicht gutgemeinter Luxus, den man sich im Chaos nach dem 'Urknall' der Währungsunion einfach nicht mehr leisten konnte. Zwar gab es in der Beurteilung dieser Situation in der Spitze der Treuhandanstalt grundlegende Meinungsunterschiede. Diese wurden jedoch mit dem erzwungenen Rücktritt des Präsidenten Reiner Maria Gohlke am 20. August 1990 bereinigt.

So führten die westdeutschen Manager an der Spitze der Treuhandanstalt die eigentlich zur Auflösung bestimmten DDR-Wirtschaftsverwaltungsstrukturen im Wege des schlichten Gesetzesbruchs konsequent wieder ein. In ihrer Wahrnehmung war die Umgestaltung der ostdeutschen Wirtschaft schon längst kein Demokratisierungsproblem mehr, sondern ein Problem elementarer wirtschaftlicher, sozialer und damit auch politischer Stabilität. Manager, die sie waren, waren sie damit auch in politischer Hinsicht realistischer, als die formal noch in der Verantwortung stehenden Repräsentanten des Souveräns der DDR, die Volkskammervertreter. Dies gilt freilich nur für eine ganz dünne Führungsschicht um den neuen Präsidenten der Treuhandanstalt, Detlev Rohwedder. Für den Stab auch der leitenden Mitarbeiter, die weitgehend aus Westdeutschland rekrutiert wurden, war die Organisationsgestaltung der Treuhandanstalt nahezu ausschließlich ein Effizienzproblem. Daß mit Hilfe dieses Deutungsmusters statt der mutmaßlich schwer zu steuernden dezentralen Strukturen nach dem Treuhand-Gesetz nun wieder die zentralistischen Strukturen einer Zentralverwaltungsbehörde mit 15 Außenstellen und damit bis in den Personalkörper auf der mittleren Leitungsebene hinauf die alten Strukturen der DDR-Branchenministerien und der Wirtschaftsleitungen in den DDR-Bezirksverwaltungen wiederhergestellt wurden, konnte in der Alltagsrationalität dieser Führungskräfte bestenfalls am Rande eine Rolle spielen, denn sie hatten in der Tat ganz andere Sorgen.

Scharf ausgeprägt war die Wahrnehmung von der Systemfremdheit der eigenen Institution jedoch bei der Amtsnachfolgerin des am 1. April 1991 ermordeten Treuhandpräsidenten, Birgit Breuel. Frau Breuel hat schon die ersten Überlegungen zu Treuhand-Nachfolgeinstitutionen im Sommer 1992 unter das klare Vorzeichen gestellt, daß die vorhandenen Strukturen als ein Erbstück der DDR konsequent aufgelöst werden müßten. Die Treuhand-Präsidentin, der bei ihrem Amtsantritt im April 1991 Skepsis aus der SPD und aus dem Gewerkschaftslager entgegengeschlagen war, hatte im

Bereich der operativen Politik der Treuhandanstalt viele Lügen gestraft, die sie als eine der profiliertesten Vertreterinnen des Wirtschaftsflügels der CDU, als neo-liberale 'Hardlinerin' wahrnahmen. In der *Organisations*politik ist Frau Breuel den ihr zu Recht unterstellten Grundsätzen jedoch nie untreu geworden, und fast hat es den Anschein, als habe die Treuhand-Präsidentin wenigstens in diesem Bereich Prinzipientreue unter Beweis stellen wollen.

Diese Wahrnehmung der Treuhandpräsidentin mit ihrer unmittelbaren Umgebung wurde aber im Bundeskanzleramt nur auf einer sehr abstrakten Ebene geteilt, nämlich soweit es um den Abschluß des Privatisierungsgeschäfts zu dem politisch erwünschten und verkündeten Termin 31. Dezember 1994 ging. Der vorzeigbare Erfolg der Bundesregierung lag hier und nicht in der tatsächlichen Auflösung der Treuhandanstalt. Die vorgebliche Auflösung, die dann zum vorgesehenen Termin nichtsdestotrotz zelebriert wurde, war in der Wahrnehmung der professionellen Akteure im Bundeskanzleramt mutmaßlich ein zusätzlicher symbolischer Akt, der den Privatisierungserfolg der Bundesregierung nur publikumswirksam unterstreichen konnte. Die Treuhandpräsidentin war loyal genug, diese politische Augenwischerei mitzumachen.

■ 4.1.2 Kompatibilitäten und Inkompatibilitäten: Enge und lose Kopplung von Leitideen und Gestaltungsoptionen

Als "Leitideen" haben wir das bezeichnet, was Politiker sich über eine vernünftige Verwaltungsorganisation in den Kopf gesetzt haben, als "Gestaltungsoptionen" hingegen das, was sich zum gleichen Zweck die Nicht-Politiker der Verwaltungsexperten (Beamte und Berater) vorgenommen haben. Wir haben ferner festgestellt, daß durchaus nicht in allen Fällen die Gestaltungsoptionen der Experten lediglich konkretere Fassungen der Leitideen der Politiker waren. Die Experten waren in allen untersuchten Fällen eine hochprofessionelle Gruppe, die ihre eigenen Vorstellungen von einer guten Verwaltungsorganisation hatten. Daher stellt sich die Frage, inwieweit Leitideen und Gestaltungsoptionen jeweils kompatibel waren und ob der Grad von Kompatibilität oder Inkompatibilität einen Einfluß auf den jeweiligen verwaltungspolitischen Gestaltungsprozeß gehabt hat.

Teilen wir also zunächst die untersuchten Gestaltungsprozesse in Erfolgsfälle und Mißerfolgsfälle ein. Danach gehören die Kreisreform in Brandenburg, der Aufbau der Umweltverwaltung in Sachsen und die Etablierung der Treuhandanstalt im Jahre 1990 zu den Erfolgsfällen, weil sich

Abb. 5: Leitideen und Gestaltungsoptionen im Überblick

	Leitidee	Gestaltungsoption
Kreisreform Brandenburg	Zweistufiger Verwaltungsaufbau; Vorrang der allgemeinen Verwaltung; Sektoralkreise um Berlin.	Verzicht auf Regierungspräsidien; Kreis-Mindestgröße 150.000 E.; Sektoralkreise um Berlin, kein Kreissitz in Kreisfreien Städten
Kreisreform Sachsen	Dreistufiger Verwaltungsaufbau; Konsens mit den Landräten.	Regierungspräsidien; Kreis-Mindestgröße 120.000 E.; kein Kreissitz in Kreisfreien Städten; Auflösung der Kragenkreise um Chemnitz, Dresden, Leipzig.
Umweltverwaltung Brandenburg	Zweistufiger Verwaltungsaufbau; Vorrang der allgemeinen Verwaltung; Sektoralkreise um Berlin.	Verzicht auf Regierungspräsidien; Medienübergreifende staatliche Bündelungsbehörden.
Umweltverwaltung Sachsen	Dreistufiger Verwaltungsaufbau; Konsens mit den Landräten.	Regierungspräsidien; Medienübergreifende staatliche Bündelungsbehörden.
Aufbau der Treuhandanstalt 1990	Zerschlagung der DDR-Wirtschaftsverwaltung, insbesondere der Branchenministerien und Wirtschaftsleitungen in den Bezirksverwaltungen.	Branchenausrichtung der Treuhand-Zentrale (Verzicht auf die Treuhand-Aktiengesellschaft); Aufbau der 15 Niederlassungen.
Auflösung der Treuhandanstalt 1994	Angleichung an verfassungsmäßige Normalstrukturen nach westdeutschem Muster.	Aufteilung der Treuhand-Nachfolgeaktivitäten auf mehrere verselbständigte Trägerorganisationen in vorzugsweise privater Rechtsform.

hier die Experten mit ihren Gestaltungsoptionen durchgesetzt haben. Zu den Mißerfolgsfällen zählen die Kreisreform in Sachsen, der Aufbau der Umweltverwaltung in Brandenburg und die nicht erfolgte Auflösung der Treuhandanstalt in Jahre 1994.

Die Vermutung, daß ein Scheitern verwaltungsorganisatorischer Gestaltungsprozesse, wie sie den Vorstellungen der Experten entsprochen hätte, auf mangelnde Kompatibilität mit den Leitideen der Politiker zurückzuführen ist, bestätigt sich in den von uns untersuchten Fällen nicht.

Die Ergebnisse sind eher kontraintuitiv. Bei den Erfolgsfällen waren Leitideen und Gestaltungsoptionen nur in einem Fall kompatibel, nämlich bei der Kreisreform in Brandenburg. Der ebenfalls erfolgreiche Aufbau der Umweltverwaltung in Sachsen hingegen ist eingetreten obwohl die Gestaltungsoptionen der Ministerialbürokratie im Umweltministerium mit der konsensorientierten verwaltungspolitischen Leitidee der Staatsregierung insgesamt schwerlich zu vereinbaren war. Noch krasser verhielt es sich beim Aufbau der Treuhandanstalt im Jahre 1990. Hier war die politische Leitidee dezentraler Strukturen im Gesetz unzweideutig festgelegt ("Die Treuhandanstalt verwirklicht ihre Aufgaben in dezentraler Organisationsstruktur über Treuhand-Aktiengesellschaften ..." - § 7 Treuhand-Gesetz vom 17. Juni 1990). Die Durchsetzung der Gestaltungsoption des seit dem 20. August 1990 im Amt befindlichen Vorstandsvorsitzenden Rohwedder war mit dieser Leitidee nicht nur nicht kompatibel, sie erfolgte unter schlichtem Bruch des Gesetzes.[2]

In komplementärer Weise kontraintuitiv sind die Verhältnisse bei den Mißerfolgsfällen. Die Gestaltungsoptionen der Ministerialbürokratie für die Kreisreform in Sachsen waren mit der verwaltungspolitischen Leitidee der Staatsregierung grundsätzlich durchaus vereinbar. Das gleiche kann von der Leitidee der Bundesregierung hinsichtlich einer Auflösung der Treuhandanstalt und den Gestaltungsoptionen von Treuhand-Spitze und Bonner Ministerialbürokratie gesagt werden. Lediglich beim Aufbau der Umweltverwaltung in Brandenburg war klar, daß die Präferenz der Ministerialbürokratie für staatliche Bündelungsbehörden mit der Leitidee der Landesregierung, die Bildung staatlicher Sonderbehörden tunlichst zu vermeiden, unvereinbar war. Der unbefriedigende Verlauf der Kreisreform in Sachsen und das Scheitern der Auflösung der Treuhandanstalt kann aber mit dem Verhältnis von Leitideen und Gestaltungsoptionen allein keinesfalls erklärt werden.

---

2 Der Präsident der Treuhandanstalt versah diesen Umstand mit dem trockenen Kommentar: "Wo kein Kläger, da kein Richter" (lt. Handelsblatt vom 27. 8. 1990: 5). In einer Ansprache vor der Volkskammer am 13. September 1990 formulierte Rohwedder etwas volkstümlicher: "Erst kommt das Leben und dann die Paragraphen." Das Protokoll verzeichnet hier "Beifall bei CDU/DA und DSU". Vgl. Volkskammer der Deutschen Demokratischen Republik, 10. Wahlperiode, 35. Tagung, 13. September 1990, Stenographische Niederschrift: 1680. Daß das erste und letzte frei gewählte Parlament der DDR durch die wohlwollenden westdeutschen Kolonialherren desavouiert wurde, mag unvermeidlich gewesen sein. Daß Teile des Parlaments der eigenen Desavouierung auch noch akklamierten, war dagegen ebenso vermeidbar, wie es noch heute denkwürdig erscheint.

Die Kompatibilität bzw. Inkompatibilität von Leitideen und Gestaltungsoptionen besitzt nämlich für sich genommen noch keinen hinreichenden Aussagewert hinsichtlich der tatsächlichen Spannungen, die zwischen beiden verwaltungspolitischen Orientierungsebenen tatsächlich auftreten können. Der Verpflichtungsgehalt der politischen Leitideen für die verwaltungspraktischen Gestaltungsoptionen kann variieren. Dies wiederum kann unterschiedliche Ursachen haben, die wir hier nicht weiter analysieren wollen, die Varianz des Verpflichtungsgehalts selber läßt sich in den untersuchten Fällen jedoch durchaus konstatieren. So wäre es z.B. denkbar, daß sich eine verwaltungspraktische Gestaltungsoption trotz zuwiderlaufender politischer Leitidee deshalb durchgesetzt hat, weil die Kopplung zwischen Leitidee und Gestaltungsoption relativ lose war.[3]

Diese Betrachtung hilft uns weiter für das Verständnis des erfolgreichen Aufbaus der Umweltverwaltung in Sachsen und der Durchsetzung der Gestaltungsoptionen Rohwedders gegen die Leitidee der Volkskammer. In beiden Fällen waren Leitideen und Gestaltungsoptionen in der Tat nur lose gekoppelt. Der erfolgreiche Aufbau einer effizienten Umweltverwaltung in Sachsen profitierte von drei Faktoren, die auf eine solche lose Kopplung hinausliefen. Zum einen war die verwaltungspolitische Leitidee der Staatsregierung (Konsens mit den Landräten) denkbar vage, jedenfalls hatte sie nicht im entferntesten den Operationalisierungsgehalt wie die Leitideen im brandenburgischen Vergleichsfall (wo die Festlegung auf einen zweistufigen Verwaltungsaufbau unverrückbar war). Zum zweiten waren die Experten im sächsischen Umweltministerium mit ihren Gestaltungsinitiativen so frühzeitig auf den Plan getreten, daß sie mit der Umsetzung schon ein gutes Stück vorangekommen waren, als sich in den Landkreisen erste Widerstände regten. Zum dritten aber ist die verwaltungsorganisatorische Gestaltung einer Fachaufgabe im Vergleich zur Neugestaltung einer allgemeinen Verwaltung durch Gebietsreformen sowohl für den Politiker als auch für das breite Publikum eine vergleichsweise komplizierte, schwer verständliche und auch schwer kommunizierbare Angelegenheit. All dies summierte sich zu dem Effekt, daß die Diskrepanz zwischen politischer Leitidee und praktischer Gestaltungsoption im Fall der sächsischen Umweltverwaltung kaum sichtbar und deshalb auch nicht virulent wurde.

Daß der Verpflichtungsgehalt der politischen Leitidee für den Aufbau der Treuhandanstalt so gering war, daß er trotz gesetzlicher Verankerung vom neuen Management der Treuhandanstalt im Sommer 1990 schlicht

---

3 Die Bewältigung von Zielkonflikten durch lose Kopplung wird in der klassischen Studie von Richard Cyert und James March (1995 [1963]) analysiert.

gebrochen werden konnte, hatte seine maßgebliche Ursache in den gänzlich asymmetrischen Machtverhältnissen zwischen westdeutschen und ostdeutschen Institutionen in der Agonie der DDR. Im Zweifelsfall hätten Parlament und Regierung der DDR im August 1990 keinerlei Möglichkeiten mehr gehabt, den Vollzug des Treuhand-Gesetzes in seinen organisatorischen Teilen durchzusetzen. Wahrscheinlich ist aber, daß auch bei andersgearteten Machtverhältnissen für binnenorganisatorische Fragen jener merkwürdigen Treuhandanstalt (die im Sommer 1990 in manchen Pressemeldungen noch als "Treuhandstelle" bezeichnet wird) im dramatischen Wiedervereinigungssommer des Jahres 1990 keinerlei nennenswerte öffentliche Aufmerksamkeit, geschweige denn öffentliche Empörung hätte mobilisiert werden können.[4]

Unter den Mißerfolgsfällen ist es allein der Aufbau der Umweltverwaltung in Brandenburg, bei dem man ein Scheitern der Gestaltungsoptionen der Ministerialbürokratie plausiblerweise auf das Zusammentreffen mit einer inkompatiblen Leitidee und fester Kopplung zwischen Leitidee und Gestaltungsoption zurückführen kann. Alle Voraussetzungen, die in den ähnlich gelagerten Inkompatibilitätsfällen des Aufbaus der Umweltverwaltung in Sachsen oder des Aufbaus der Treuhandanstalt für die Durchsetzung der politischen Leitidee gefehlt hatten, waren beim Aufbau der Umweltverwaltung in Brandenburg gegeben: Die Landesregierung verfügte über eine operationale Leitidee (keine Mittelinstanz, keine Sonderbehörden). Diese war noch hinlänglich leicht kommunizierbar. Und vor allem verfügten die Protagonisten der Leitidee, namentlich Innenministerium und Staatskanzlei, nicht nur über ein gut gebündeltes verwaltungspolitisches Interesse, sondern auch über ein hinlängliches Durchsetzungsvermögen gegenüber den Fachverwaltungen. Was der sächsischen Ministerialverwaltung im Umweltbereich zum Vorteil gereichte, nämlich die Kompliziertheit und relative Unverständlichkeit der verwaltungsorganisatorischen Fachfragen, wurde für die Kollegen in Brandenburg zum Nachteil: Daß medienübergreifende staatliche Sonderbehörden im Vergleich mit der allgemeinen Verwaltung besseren Umweltschutz bewirken würden, war bereits im Regierungsapparat selbst nicht ohne weiteres ver-

---

4   So ist es wohl niemandem aufgefallen, daß der Einigungsvertrag (Anlage II Kapitel IV Abschnitt I Nr. 6) die Übernahme des Treuhand-Gesetzes als Bundesrecht festschrieb, zusammen mit der ausschließlich den Treuhand-Aktiengesellschaften gewidmeten 1. Durchführungsverordnung zum Treuhand-Gesetz, daß dieser erst am 15. August 1990 erlassenen Durchführungsverordnung aber bereits zum Zeitpunkt der Unterzeichnung des Einigungsvertrages vom 31. August vom Treuhand-Präsidenten die Grundlage entzogen worden war.

ständlich zu machen, für breitere politische Mobilisierungen aber waren solche verwaltungswissenschaftlichen Spezifika gewiß nicht geeignet.

Eine Erklärungslücke bleibt hinsichtlich der Fälle der Kreisreform in Sachsen und der gescheiterten Auflösung der Treuhandanstalt, solange man sich allein in der kognitiven Dimension bewegt, also nach Wahrnehmungs- und Deutungsmustern oder nach dem Verhältnis von Leitideen und Gestaltungsoptionen fragt. In beiden Fällen konnten die Gestaltungsoptionen der Experten nicht durchgesetzt werden, obwohl sie mit den verwaltungspolitischen Leitideen durchaus kompatibel und mit diesen kompatiblen Leitideen wiederum auch fest gekoppelt waren. In Sachsen bestand ja durchaus kein Widerspruch zu der bloßen Idee einer Konsensorientierung gegenüber den dezentralen Gewalten und den Reformvorstellungen der Ministerialbürokratie, die auf die Bildung mittlerer Kreisgrößen, die Auflösung der Kragenkreise und die Verlegung der Kreissitze in kreisangehörige (statt kreisfreie) Städte hinausliefen. Insbesondere aber bestand nach dem ersten Augenschein völlige Kompatibilität zwischen den Leitideen der Bundesregierung und den Gestaltungsoptionen der Treuhand-Präsidentin und ihres Stabes, wenn es um die Auflösung der Treuhandanstalt zum Jahresende 1994 ging.

Gewisse Unterschiede lassen sich zwischen beiden Fällen lediglich hinsichtlich der Kopplungsintensität zwischen Leitidee und Gestaltungsoption feststellen. Im Fall der Planungen für die Treuhand-Auflösung war diese Kopplung zweifellos fest, und die Planungen genossen allein durch die politische Selbstverpflichtung der Bundesregierung zur Beendigung des operativen Geschäfts der Treuhandanstalt bis zum 31. Dezember 1994 auch eine durchgehend hohe politische Aufmerksamkeit. Dies verhielt sich bei der Kreisreform in Sachsen nur bedingt so. Die Aufmerksamkeit der politischen Leitung für die Kreisreform war eher selektiv. Der zuständige Innenminister selbst war an der Kreisreform desinteressiert, er hat jedenfalls keinen Versuch unternommen, die Gestaltungsoptionen seines Hauses im Einklang mit der verwaltungspolitischen Leitidee des Ministerpräsidenten gegenüber den widerstreitenden Interessen in der Regierungsfraktion durchzusetzen. Schon aus diesem Grund konnte die Ministerialbürokratie mit ihren ständig angepaßten Vorlagen immer nur aufs neue Schiffbruch erleiden. Die selektive Aufmerksamkeit des Ministerpräsidenten stellte aber soviel sicher, daß im Zweifelsfall die Landrätefraktion in der CDU-Fraktion des Landtags ihre obstruktiven Einflüsse wiederholt geltend machen konnte.

Beides, die gescheiterte Auflösung der Treuhandanstalt und der relative Mißerfolg der Kreisreform in Sachsen, verweist aber bereits auf weitere erklärende Variablen, namentlich solche, die in den Dimensionen Kommunikation und Macht angesiedelt sind.

■ 4.2 Kommunikation – oder: Warum bestimmte Reformkonzepte auf Aufmerksamkeit, Akzeptanz und Vertrauen stoßen und andere nicht

Von der kognitiven ist die kommunikative Dimension zu unterscheiden. Es reicht nicht, verwaltungspolitische Ideen zu haben, diese müssen auch vermittelt werden. Dieser Vermittlungsprozeß hat wenigstens drei Voraussetzungen. Zum einen müssen die verwaltungspolitischen Ideen einigermaßen politisch attraktiv sein, das heißt, sie müssen ein hinreichendes Maß an Aufmerksamkeit finden. Zum anderen müssen sie so formuliert sein, daß sie politische Unterstützung mobilisieren können. Drittens muß die Vermittlung dieser Idee auf einer Basis der Verständigung und des Vertrauens aufbauen. Alle drei Faktoren haben den Verlauf der von uns untersuchten Gestaltungsprozesse beeinflußt, wenn auch in unterschiedlich signifikantem Maße.

■ 4.2.1 Aufmerksamkeit und Nicht-Aufmerksamkeit

Der tatsächliche Verlauf von Verwaltungsreformen wird nicht zuletzt durch die Mobilisierung bzw. Mobilisierbarkeit öffentlicher Aufmerksamkeit beeinflußt (vgl. March/Olsen 1989: 61-64). Mit Verwaltungspolitik holt kein Politiker so schnell die vielzitierte Katze hinter dem Ofen hervor. Einen hohen Aufmerksamkeitswert besitzen im allgemeinen nur Fragen des äußeren Verwaltungsaufbaus in der territorialen Dimension. Natürlich interessiert es den Bürger, ob er demnächst zu einer Großgemeinde gehört, ob sein Landkreis aufgelöst oder ob gar ein ganzes Bundesland mit einem anderen zusammengelegt wird. Fragen der verwaltungsinternen Organisation hingegen können solche Aufmerksamkeitswerte niemals erreichen. Sie gelten selbst in der berufsmäßig betriebenen Politik als Spezialistensache.

Die geringe politische Aufmerksamkeit für verwaltungsinterne Organisationsprobleme ist zumindest in vier der von uns untersuchten sechs Fälle eine nennenswerte erklärende Variable. Dies trifft zu auf den Aufbau der Umweltverwaltungen sowohl in Brandenburg als auch in Sachsen und auf den Aufbau der Treuhandanstalt im Sommer 1990 einerseits und die gescheiterte Auflösung der Treuhandanstalt im Jahre 1994 andererseits.

Was die Umweltverwaltung betrifft, so hatte die geringe politische Aufmerksamkeit für binnenorganisatorische Fragen der Verwaltung in Brandenburg und in Sachsen konträre Auswirkungen. Für die brandenburgische Ministerialbürokratie im Umweltbereich war es von Nachteil, daß Fragen der Vollzugsorganisation weder bei Politikern noch bei nennenswerten Teilen der Öffentlichkeit auf irgendein Interesse stoßen konnten. Sogar der Minister selbst, so wird berichtet (vgl. Eisen 1995: 186), hat lange Zeit benötigt, um die Bedeutung der Vollzugsorganisation für die Effizienz des Umweltschutzes zu erkennen. So wurden die entscheidenden Dilemmata, die die verwaltungspolitische Generallinie in Brandenburg für den Umweltbereich mit sich brachte, nie zum Gegenstand einer politischen Diskussion oder gar eines politischen Konflikts. Die Regierung in Brandenburg hatte nie das Problem, die Etablierung einer unübersichtlichen Vollzugsorganisation mit den aus dem Westen bekannten Vollzugsdefiziten rechtfertigen zu müssen.

Bekanntlich ist dem einen eine Eule, was dem anderen eine Nachtigall ist. Die Experten im sächsischen Umweltministerium konnten von Glück sagen, daß sie die Umsetzung ihrer Pläne im Windschatten politischer Aufmerksamkeit vorantreiben konnten. Dies war freilich auch eine Frage der zeitlichen Abläufe (vgl. Abschnitt 4.4). Es wäre auch nicht das breite Publikum gewesen, dessen verwaltungspolitische Sensibilisierung die Ministerialbürokraten zu fürchten gehabt hätten, sondern die Mobilisierung der Landräte. Was den Landräten bei der Kreisreform gelang, nämlich die Verhinderung der Durchsetzung eines bündigen Reformkonzepts, scheiterte im Bereich der Umweltverwaltung glücklicherweise an ihrer eigenen mangelnden Aufmerksamkeit.

Die mangelnde öffentliche Aufmerksamkeit für binnenorganisatorische Probleme ist auch im Fall der Treuhandanstalt ein wichtiger, vielleicht sogar der ausschlaggebende Grund sowohl für das Gelingen als auch für das Scheitern organisatorischer Gestaltungsoptionen mit dem Gesamteffekt eines Überdauerns der DDR-Wirtschaftsverwaltungsstrukturen bis in unsere Tage.

Es mag zunächst paradox erscheinen, daß mangelnde öffentliche Aufmerksamkeit ein wichtiger Erklärungsfaktor für die organisatorische Entwicklung einer Institution sein soll, die derart im Rampenlicht der Öffentlichkeit gestanden hat wie die Treuhandanstalt in den Jahren 1990 bis 1994. Tatsächlich liegt in diesem Paradox aber bereits der Ansatzpunkt zum Verständnis der politischen Funktionalität der Treuhandanstalt. Die öffentliche Aufmerksamkeit konzentrierte sich nicht auf die Organisationsstruktur der Treuhandanstalt, sondern auf ihre materielle Tätigkeit, namentlich auf den Verlauf des Privatisierungsgeschäfts und der Liquidationen. Aber bereits diese Tatsache war eine Folge der Organisationsstruktur, welche die Bundesregierung mit der Treuhandanstalt ihrer Privatisierungspolitik für Ostdeutschland in Gestalt der Treuhand gegeben hatte. Die Treuhandanstalt lenkte die Aufmerksamkeit, vor allem die massive Kritik an der Privatisierungstätigkeit des Bundes in Ostdeutschland, auf die Nachfolgeinstitution der DDR-Wirtschaftsverwaltung mit Sitz in Berlin (daß die Treuhandanstalt im Frühjahr 1991 auch noch in das ehemalige Haus der Ministerien in der Leipziger Straße umzog, war zwar kein notwendiger, aber absolut passender Baustein zu dieser Konstruktion). Organisationsform und Organisationsort trafen bei der ostdeutschen Bevölkerung auf jahrzehntelang eingeübte Wahrnehmungsgewohnheiten. "Die Treuhand" und nicht der politisch verantwortliche Bundesfinanzminister bzw. der Bundeskanzler wurde zur Zielscheibe und Projektionsfläche der massiven Proteste und Frustrationen der Ostdeutschen, auf der sich die sozialen Kosten der wirtschaftlichen Roßkur niederschlugen, zu der es seit dem Entschluß zur schnellen Währungsunion im Jahre 1990 keine Alternative mehr gegeben hatte. Kaum einer der vielen Kritiker der Treuhandanstalt hat offenbar zur Kenntnis genommen, daß mit der Konzentration der Kritik auf die Treuhandanstalt bereits eine wesentliche Funktion dieser Institution erfüllt und ein wichtiger politischer Erfolg der Bundesregierung erzielt war, nämlich: die Dämpfung politischer Legitimationsrisiken, die aus der Privatisierungspolitik des Bundes erwachsen mochten.

Eben weil diese Rechnung aufging, konnten die organisatorischen Eigentümlichkeiten der Treuhandanstalt keine nennenswerte Aufmerksamkeit finden und vice versa. Die Treuhand-Konstruktion hätte kaum eine politische Überlebenschance gehabt, wenn in der Öffentlichkeit die handstreichartige Wiedereinführung der DDR-Wirtschaftsverwaltungsstrukturen durch den Treuhand-Präsidenten Rohwedder im Spätsommer und Herbst 1990 als solche bekannt und bewußt gewesen wären. Dasselbe kann aber auch für die gescheiterte Auflösung der Treuhandanstalt im Jahre 1994 gesagt werden. Weil sich die Öffentlichkeit in der Tat, wie es der Bundesregierung nur recht sein konnte, nahezu vollständig auf das Privatisierungsgeschäft der Treuhandanstalt konzentrierte, konnte die Suggestion gelingen, daß mit dessen Beendigung auch die Existenz der Treuhandanstalt nahezu automatisch ihr Ende finden würde.

Natürlich wußten es die Insider/innen besser. "Der Vorstand der Treuhandanstalt sieht es als seine Pflicht an", schrieb die Präsidentin der Treuhandanstalt am 30. März 1994 an den Bundesminister der Finanzen, an den Bundesminister für Wirtschaft und an den Chef des Bundeskanzleramtes, "auf die erheblichen Nachteile hinzuweisen, die nach seiner Überzeugung mit dem faktischen Verzicht auf die Auflösung der Treuhandanstalt verbunden sind. Diese bestehen vor allem in der Fortschreibung der Bündelung der vereinigungsbedingten wirtschaftlichen Aufgaben in einer Großeinheit Treuhandanstalt statt der geplanten Verteilung auf einzelne, spezialisierte Organisationseinheiten, in der Verlängerung des wirtschaftspolitischen 'Sonderregimes' für die neuen Bundesländer, die eine Verlängerung der Übergangszeit nach der Wiedervereinigung statt eines Übergangs in die Normalität unserer bundesstaatlichen Ordnung bedeutet, in dem Verzicht auf die kaufmännische Dominanz bei den Entscheidungen im Bereich Vertragsmanagement, Reprivatisierung und Abwicklung, in dem Verzicht auf die Chance zur Rationalisierung und Effizienzsteigerung des BAROV im Rahmen der Zusammenlegung mit den hoheitlichen Aufgaben der Treuhandanstalt."

Warum aber konnte die öffentliche Aufmerksamkeit für eben diese Sachverhalte, der, wie es hieß, die Sorge des Vorstands der Treuhandanstalt galt, wenigstens zu diesem Zeitpunkt nicht doch noch mobilisiert werden? Hierüber können wir ohne eingehendere zeitgeschichtliche Untersuchungen nur spekulieren. Eine plausible Erklärung ist, daß dies auf einen Paradigmenwechsel der öffentlichen Wahrnehmung hinausgelaufen wäre, bei dem zu viele politische Lebenslügen auf dem Spiel gestanden hätten (zum Phänomen der politischen Lebenslüge vgl. Kuran 1995). Hätten sich ausgerechnet die Repräsentanten der Treuhandanstalt an die Spitze der Kritiker der eigenen Institution setzen sollen? Hätte womöglich die Bundesregierung einräumen sollen, daß die Identifikation der Treuhandtätigkeit mit der Privatisierungsaufgabe gar nicht den Tatsachen entsprach? Hätten die Journalisten auf einmal ihr Publikum mit der binnenorganisatorischen Seite der Treuhandanstalt konfrontieren sollen, die sie jahrelang so gut wie ignoriert hatten, und hätten sie das Publikum mit Berichten über die Tatsache verwirren sollen, daß die vermeintlich schlimmsten Repräsentanten des Treuhandregimes eigentlich dessen vehementeste Kritiker waren? Hätte das Publikum von dem liebgewonnenen Klischee Abschied nehmen sollen, daß in der Leipziger Straße in Berlin die Hauptverantwortlichen für den wirtschaftlichen Kahlschlag in Ostdeutschland saßen, denen nun, nachdem sie ihr schmutziges Geschäft erledigt hatten, endlich der Laden dichtgemacht werden sollte? Der Mythos Treuhandanstalt war von viel zu großer Bedeutung für die friedliche Bewältigung des dramatischen wirtschaftlichen Systemwechsels in Ostdeutschland, als daß er durch die Wahrheit hätte gefährdet werden dürfen.

4.2.2 Legitimation

Legitimation in seiner intransitiven Bedeutung ist die tatsächliche Anerkennung, die ein politisches System oder politische Zustände im allgemeinen beim Bürger finden. Legitimation in seiner transitiven Bedeutung ist die Mobilisierung dieser Anerkennung durch die Politiker. Wir reden hier von Legitimation in dem letztgenannten Sinne.

Die Mobilisierung politischer Anerkennung erfolgt durch Politiker nicht als Selbstzweck, sondern je nach Notwendigkeit. Wie jeder normal veranlagte Mensch hat die Politikerin oder der Politiker die Neigung, Belastungen auszuweichen, und Legitimationszwänge sind Belastungen des Politikerlebens. Es ist die demokratische Staatsform, die dafür sorgt, daß Politiker dieser menschlichen Neigung nicht soweit nachgeben können, daß sie ihre Handlungen nicht mehr zu rechtfertigen haben.

All dies gilt selbstverständlich auch für die Verwaltungspolitik. Wir haben es aber schon mehrfach angedeutet: Verwaltungspolitik gehört nicht zu den Publikumsrennern des politischen Geschäfts. Für den in diesem Feld aktiven Politiker ist das zugleich von Nachteil und von Vorteil. Von Nachteil sind die geringen Profilierungschancen, die der geringe Aufmerksamkeitswert für Verwaltungspolitik mit sich bringt. Von Vorteil hingegen sind die relativ geringen Legitimationszwänge. Von diesem Vorteil, wir haben darauf hingewiesen, haben die Akteure profitiert, die der brandenburgischen Umweltverwaltung eine relativ ineffiziente, der sächsischen Umweltverwaltung hingegen eine relativ effiziente Vollzugsstruktur verschafft haben. Das gleiche gilt für die organisatorische Gestaltung der Treuhandanstalt. Das ist in dem vorangegangenen Abschnitt über öffentliche Aufmerksamkeit als Erklärungsfaktor für verwaltungspolitische Prozeßverläufe deutlich geworden.

Die nachhaltigsten Legitimationszwänge sind in Ostdeutschland von den Kreis- und Gemeindegebietsreformen ausgegangen. Wir haben hier die Kreisreformen in Brandenburg und Sachsen untersucht, und diese beiden Fälle weisen bemerkenswert unterschiedliche Legitimationsmuster auf. Dies wird deutlich, wenn man einerseits die Äußerungen, andererseits das Verhalten der verwaltungspolitischen Akteure analysiert.

Was die ausgesprochenen, tatsächlich aktivierten verwaltungspolitischen Legitimationsmuster betrifft, so verfügen wir mit der Untersuchung von Stephanie Reulen (1994) über eine wichtige empirische Grundlage. Reulen hat mit Hilfe einer quantitativen Inhaltsanalyse 484 verwaltungspolitische Redebeiträge aus Debatten der Landtage von Brandenburg und Sachsen ausgewertet. Die Redebeiträge wurden danach codiert, ob die Redner eher die technisch-administrative Funktion verwaltungspolitischer

Maßnahmen hervorgehoben haben oder die politische Funktion. Beispiele für die Betonung der technisch-administrativen Funktion wären etwa Hinweise auf Maßstäbe der Effektivität bzw. Leistungsfähigkeit der Verwaltung, der Wirtschaftlichkeit, aber auch der strukturpolitischen Ausgleichswirkung. Beispiele für die Betonung der politischen Funktion sind Hinweise auf die erforderliche Akzeptanz bei den Bürgern, auf die Berücksichtigung des Zusammengehörigkeitsgefühls der Bürger oder regionale und lokale Identitäten oder aber allgemeine Hinweise auf den Wert der neugewonnenen kommunalen Selbstverwaltung. Eine Darstellung der Ergebnisse in Tabellenform findet sich im Anhang dieser Schrift, auf die Darstellung von Einzelheiten kann daher an dieser Stelle verzichtet werden.

Das Ergebnis der Erhebung von Reulen ist, daß in Brandenburg das technisch-administrative wie das demokratieorientierte Legitimationsmuster in etwa gleichstark ausgeprägt ist, während in Sachsen das demokratieorientierte Legitimationsmuster eindeutig dominiert. Man könnte auch sagen, die Sachsen betreiben eine weniger technokratische Verwaltungspolitik, die Brandenburger hingegen sind bei ihrer Verwaltungspolitik gleichermaßen 'technokratisch' wie 'demokratisch' gesonnen.

Soweit die Analyse von äußeren, also von tatsächlich gebrauchten rhetorischen Legitimationsmustern. Sie entsprechen im wesentlichen unserer Rekonstruktion der Handlungsabläufe und lassen sich mit deren Analyse gut interpretieren. Daß in Sachsen die demokratieorientierte verwaltungspolitischen Legitimationsmuster dominieren, ist wenig erstaunlich, wenn man sich die Machtbasis der Staatsregierung und insbesondere des Ministerpräsidenten vergegenwärtigt. Der Ministerpräsident, ein Westimport, hatte zu Beginn seiner ersten Amtsperiode in Sachsen keine autochthone Machtbasis. Er mußte sie sich bei den Repräsentanten des Landesverbandes seiner Partei erarbeiten. Soweit es um Verwaltungspolitik und speziell die Kreisreform ging, nahmen hier die Landräte - alle wie der Ministerpräsident der CDU zugehörig - eine Schlüsselstellung ein. Sie übten ihren Einfluß entweder, soweit sie selbst Landtagsabgeordnete waren, direkt aus oder indirekt über die Wahlkreisabgeordneten, die in der CDU-Fraktion wiederum alle direkt gewählt waren.

Akzentuiert wurde diese relative verwaltungspolitische Schwäche der Staatsregierung gegenüber der eigenen Fraktion ironischerweise durch die eigene absolute Mehrheit. Sie verschaffte einer Minderheit profilierter Meinungsträger in der CDU-Fraktion praktisch eine Veto-Position in verwaltungspolitischen Angelegenheiten, die nur durch Uneinigkeit in diesem Lager gemildert werden konnte und auch wurde.

Insofern kann es nicht überraschen, daß in der verwaltungspolitischen Rhetorik in Sachsen Legitimationsmuster dominieren, die auf die Stärkung der dezentralen Gewalten als Ausweis der neuen demokratischen Zustände verweisen. Die Funktion solcher Legitimationsmuster lag mutmaßlich sowohl in der Beschwichtigung der Landkreis- und Gemeindevertreter als auch in der Reklamierung entsprechender landespolitischer Zugeständnisse. Vor allem jedoch eigneten sich die demokratieorientierten Formen zur Rechtfertigung der tatsächlichen Zustände. Wenn die aus der Kreisreform hervorgegangenen territorialen Verwaltungsstrukturen schon nicht effizient sein sollten, so können sie wenigstens als "demokratisch" präsentiert werden.

Was Brandenburg betrifft, so können die zwischen 'Technokratie' und 'Demokratie' ausgeglichenen verwaltungspolitischen Legitimationsmuster ebenfalls als ein Reflex der Handlungsspielräume der Landesregierung interpretiert werden. Anders als in Sachsen hatte die verwaltungspolitische Leitidee der Landesregierung in Brandenburg nicht allein eine politische Komponente (in Sachsen: Konsens mit den Landräten), sondern auch eine organisatorische. Eine allgemeine Mittelinstanz sollte nicht entstehen, und die Landkreise sollten dementsprechend groß und verwaltungskräftig werden. In der Tat sind hier genau jene effizienzorientierten und integrations- bzw. demokratieorientierten Entscheidungskriterien angelegt, die in mehr oder weniger gleichmäßiger Form auch die verwaltungspolitische Rhetorik im brandenburgischen Landtag geprägt haben.

Tatsächlich lassen sich, wie die Ergebnisse von Reulen zeigen, die unterschiedlichen Legitimationsmuster in Brandenburg und Sachsen über alle Kontrollvariablen hinweg feststellen. Das heißt, daß Parteizugehörigkeit oder die Zugehörigkeit zu Parlament versus Regierung die unterschiedliche Ausprägung der Legitimationsmuster zwar auch beeinflußen. Die entscheidende erklärende Variable ist jedoch das Land. Man kann also durchaus von einem unterschiedlichen Legitimations*klima* sprechen, das in Brandenburg gleichermaßen 'technokratisch' wie 'demokratisch' ist, in Sachsen hingegen deutlich stärker 'demokratisch' als 'technokratisch'.

Betrachtet man die vorherrschenden Legitimationsmuster nicht als abhängige, sondern als unabhängige Variable, so kann man die Erhebungsergebnisse von Reulen auch noch als Erklärungsfaktor für den unterschiedlichen Erfolg der Kreisreform in Brandenburg und Sachsen heranziehen. Regierung und Koalition in Brandenburg verfügten über eine breitere Argumentationsbasis als Regierung und Regierungsfraktion in Sachsen. Tatsächlich konnten die regierenden Kreise in Brandenburg, je nach Gusto und Erfordernis, die tatsächlichen verwaltungspolitischen Maßnahmen sowohl mit 'technokratischen' als auch mit 'demokratischen' Argumenten rechtfertigen. Der Verzicht auf die Mittelinstanz konnte sowohl als Rationalisierung der Verwaltung als auch als Beseitigung alter DDR-Strukturen (nämlich der Bezirksverwaltungen) gerechtfertigt werden. Die Schaffung großer und verwaltungskräftiger Kreise konnte sowohl mit Hinweis auf die administrative Leistungsfähigkeit als auch mit Hinweis auf die Stärkung der kommunalen Selbstverwaltung gerechtfertigt werden. Sachsen hingegen hatte 'technokratische' Reformerfolge nicht vorzuweisen, aber Staatsregierung und Regierungsfraktion hätten diese mit dem dominierenden verwaltungspolitischen Rechtfertigungsrepertoire auch schwerlich herbeiargumentieren können.

4.2.3 Verständigung und Vertrauen ■

Es liegt in der Eigenart von Kommunikationsprozessen, daß die in ihnen übermittelten Signale verstanden und mißverstanden werden können (vgl. Watzlawick 1983), und daß sich daraus nicht-intendierte Folgen ergeben mögen. Harmlosere Varianten können in der Kommunikation zwischen Ehepartnern auftreten, etwa wenn der eine Partner dem anderen gerne seine Präferenzen mitteilen würde, jedoch befürchtet, den anderen dadurch zu irritieren oder zu verletzen. Die Spieltheorie verwendet nicht von ungefähr für solche Situationen eine martialische Sprache, wenn sie die hier entstehenden Kommunikationsbeziehungen als "battle of the sexes" bezeichnet. In der doppelten Bedeutung, die "sich verstehen" im Deutschen haben kann, ist das hierin liegende Dilemma angedeutet: "Sich verstehen" ist die Voraussetzung dafür, daß man Vertrauen zueinander hat, aber Vertrauen ist dem Risiko des Mißverstehens ausgesetzt, und wenn man sich erst einmal gründlich mißverstanden hat, ist Vertrauensbildung in der Regel schwierig. Sicher ist jedoch: Wenn Kommunikation erst gar nicht oder nur in beschränktem Umfang stattfindet, wird sich wechselseitiges Vertrauen kaum herstellen lassen.

Die Kreisreform in Sachsen und die gescheiterte Auflösung der Treuhandanstalt illustrieren die Bedeutung von Mißverstehen und gescheiterter Vertrauensbildung für den Verlauf verwaltungspolitischer Gestaltungsprozesse. Vereinfacht kann man sagen, daß bei der Kreisreform in Sachsen fehlgeschlagene Kommunikationsversuche und bei der Auflösung der Treuhandanstalt fehlgeschlagene Vertrauensbildung eine ausschlaggebende Rolle spielten.

In Sachsen hat der Ministerpräsident von Anbeginn intensive Kommunikationsbeziehungen mit den Landräten gepflegt. Ein in der Verfassung nicht vorgesehenes Gremium, die Landrätekonferenz beim Ministerpräsidenten, wurde eingerichtet. Den Landräten wurde deutlich signalisiert, daß sie das Ohr des Ministerpräsidenten hätten, sie wußten diese Signale aber offenbar nicht hinreichend zu deuten. Wenn man, wie der Ministerpräsident, von dem Erfahrungshintergrund geordneter westdeutscher demokratischer Verhältnisse ausging, lautete die unausgesprochene Botschaft an die Landräte mutmaßlich, daß man in der Staatsregierung als Gegenleistung für die Kommunikationsbereitschaft Ordnungs- und Steuerungsleistungen der Landräte erwartete. Dies betraf natürlich nicht allein die Kreisreform, aber bei der Durchführung der Kreisreform nach den Vorstellungen der Staatsregierung kam es auf solche Ordnungs- und Steuerungsleistungen ersichtlich besonders an.

Diese unausgesprochene Botschaft wurde von den Landräten aber offenbar nicht verstanden. Vor dem Hintergrund ihrer eigenen ostdeutschen Erfahrungen mit einem totalitären Regime und einer zentralistischen politischen Organisationsform erschien die Gesprächsbereitschaft des Ministerpräsidenten zunächst und vor allem als eine Ermunterung zur ungezügelten Bildung eines lokalen Selbstbewußtseins. Man war eben wieder wer. Unnötig zu sagen, daß diese Attitüde in den Landratspersönlichkeiten ihre unterschiedlich starke Ausprägung fand. Den Ausschlag gab aber, daß von der Fraktionsspitze der Regierungspartei im sächsischen Landtag für die Kommunikation zwischen Ministerpräsidenten und Landräten keine Übersetzungshilfen geleistet wurden. Auch deshalb konnten die wiederholten Selbstblockaden der Regierungsfraktion bei der Vorbereitung des Kreisreformgesetzes nicht aufgelöst und das letztendliche Debakel mit erfolgreichen Verfassungsgerichtshofsklagen gegen das verabschiedete Gesetz nicht verhindert werden.

Mochte bei der Kreisreform in Sachsen wenigstens die Illusion einer Vertrauensbasis zwischen Staatsregierung und Landräten existiert haben, so hat es in den Kommunikationsbeziehungen zwischen Treuhandanstalt und dem in letzter Instanz verantwortlichen politischen Gewährträger, dem Deutschen Bundestag, eine Vertrauensgrundlage von vornherein nicht gegeben. Dies gilt, wohl gemerkt, für den Bundestag als Institution, nicht etwa nur für das Verhältnis zwischen Treuhandanstalt und parlamentarischer Opposition, die im September 1993 die Einsetzung eines Untersuchungsausschusses zur Treuhandanstalt durchgesetzt hatte. Die Nicht-Beziehungen, die für das Verhältnis zwischen Treuhandanstalt und Parlament festzustellen sind, hatten ihre Ursache in der organisatorischen Konstruktion und in der politischen Funktion der Treuhandanstalt.

Die Beibehaltung, ja Reanimierung der zentralistischen DDR-Wirtschaftsverwaltungsstrukturen im Spätsommer und Herbst 1990 ließ die Treuhandanstalt zur mächtigsten Institution in Ostdeutschland, ja zweifellos zur mächtigsten Behörde in Deutschland überhaupt werden. Daß dies nicht allein wegen der institutionellen Erbstrukturen der DDR, sondern auch aufgrund der tatsächlichen Macht- und Verantwortungsfülle dieser Institution mit der parlamentarischen und föderativen Ordnung des Grundgesetzes in Konflikt stand, war niemandem mehr bewußt als der Führungsspitze der Treuhandanstalt und ihren engsten Kooperationspartnern in der Bonner Ministerialbürokratie. Daß sich die Argwohn der parlamentarischen Kontrolleure erst spät, nämlich im Sommer 1993 zu einer konkreten parlamentarischen Initiative, der Einsetzung eines Untersuchungsausschusses, verdichtete, ist zwar angesichts der im nachfolgenden Jahr anstehenden Bundestagswahlen nachvollziehbar, nach der institutionellen Logik aber eher erstaunlich.

Das Dilemma der Treuhandspitze lag darin, die Treuhandanstalt im vollen Bewußtsein ihrer Unvereinbarkeit mit den verfassungsmäßigen Kontrollstrukturen, diesen verfassungsmäßigen Kontrollen so weit und so lange wie möglich entziehen zu müssen. Die politische Grundfunktion der Treuhandanstalt lag in ihrer Entpolitisierungsleistung. Die Treuhandanstalt mit Sitz in Berlin verhinderte, daß die politischen Kosten des dramatischen wirtschaftlichen Systemwechsels in Ostdeutschland zu einem Stabilitätsrisiko für die Bundesregierung und damit womöglich für das Bonner Regierungssystem überhaupt wurden. Wie erfolgreich diese Funktion erfüllt wurde, zeigte sich darin, daß die Treuhandanstalt in Berlin und nicht die wirklich verantwortliche Bundesregierung in Bonn die Legitimationslast für diese politischen Kosten zu tragen hatte.

Diese politische Entlastungsfunktion, deren Bedeutung für den stabilen und friedlichen Systemwechsel in Ostdeutschland man kaum überschätzen kann, war jedoch nur über ein Maß an institutioneller Autonomie sicherzustellen, das intensive Kommunikationsbeziehungen mit den parlamentarischen Kontrollinstanzen in Bonn geradezu per definitionem ausschloß. Gegenüber dem Bundestag mußte sich die Treuhandanstalt einigeln, was erklärt, daß der im September 1993 eingesetzte Untersuchungsausschuß den größten Teil seiner Arbeit auf Verfahrensfragen der Kontrollkompetenz und der Kontrollintensität verwenden mußte. Die Treuhandanstalt wurde durch den Untersuchungsausschuß zwar unter Streß gesetzt, aber letztlich war dies ein geringer Preis für die wirksame Verhinderung einer Politisierung ihres Privatisierungsauftrags, den jede intensive parlamentarische Kontrolle unvermeidlich mit sich gebracht hätte.

Der tatsächliche Preis dieser Konstellation war später zu entrichten, nämlich bei dem Versuch zur Auflösung der Treuhandanstalt, und er sollte wesentlich höher ausfallen als veranschlagt. Weil es an hinreichenden Kommunikationsbeziehungen zwischen Treuhandanstalt und Bundestag fehlte, konnte sich kein Vertrauen bilden. Tatsächlich gab es unter den

Bundestagsabgeordneten der Regierungskoalition in Angelegenheiten der Treuhandanstalt keine einflußreiche Persönlichkeit, die das Vertrauen beider Seiten genossen hätte (der für die Treuhandanstalt zuständige Parlamentarische Staatssekretär im Finanzministerium, Grünewald, hätte ein entsprechendes Format gehabt, er wurde jedoch in der parlamentarischen Wahrnehmung dem Regierungsapparat zugerechnet).

Das Scheitern einer wirklichen Auflösung der Treuhandanstalt ist maßgeblich darauf zurückzuführen, daß sich im Parlament der über Jahre hinweg aufgestaute Unmut über die mangelnde Beteiligung in Treuhand-Angelegenheiten auch in den Regierungsfraktionen entlud. Das Auflösungskonzept, wie es in engster Abstimmung zwischen Treuhandanstalt und Bonner Ministerialbürokratie erarbeitet und vom Bundeskabinett am 27.10.1993 verabschiedet worden war, wurde bezeichnenderweise von Koalitionsabgeordneten zu Fall gebracht. Es hat den Anschein, daß man in der Treuhandspitze, im Bundesfinanzministerium und in den Fraktionsführungen von Union und FDP zwar ein Wetterleuchten wahrgenommen hat, das heraufziehende veritable Unwetter aber nicht wahrhaben wollte. Auf Seiten der Regierungsstellen, einschließlich der Treuhandanstalt, glaubte man an vertrauensbildenden Maßnahmen gegenüber den Parlamentariern mit einer Klausurtagung, die am 26.10.1993 stattfand, ausreichendes getan zu haben. Während dieser Klausurtagung wurde den Koalitionsabgeordneten des Haushaltsausschusses und des Ausschusses "Treuhandanstalt" das Auflösungskonzept erläutert. Grundsätzliche Kritik am Auflösungskonzept haben die Koalitionsparlamentarier bei dieser Gelegenheit noch nicht geäußert. Ob weitere Maßnahmen den Regierungsentwurf hätten retten können, muß dahinstehen. Nachdem aber die Elastizität der politischen Einbettungsstrukturen, welche die Stabilität der Treuhandanstalt über heftigste politische Auseinandersetzungen hinweg jahrelang sichergestellt hatte, überdehnt worden war, trat die zur Auflösung vorgesehene Kernstruktur der DDR-Wirtschaftsverwaltung wie ein *roche de bronze* wieder hervor - freilich nur, um wie im Märchen von des Kaisers neue Kleider durch politische Rhetorik verhüllt zu werden.

Fehlgeschlagene Kommunikationsversuche führen zu nicht-intendierten Folgen oder gar bizzaren Verwicklungen, das kann man bei Watzlawick nachlesen. Nicht nur, daß die Auflösung der Treuhandanstalt entgegen dem bekundeten Willen der Bundesregierung und den festen Vorsätzen der Treuhandspitze gescheitert ist; ein besonders bemerkenswerter Umstand ist die Tatsache, daß damit die alten Strukturen der DDR-Wirtschaftsverwaltung durch diejenigen auf vorläufige Dauer gestellt wurden, die den Treuhand-Zentralismus immerhin zu Recht als eine Art Fortsetzung der DDR-Verhältnisse wahrgenommen, ihren Ehrgeiz jedoch dareingesetzt hatten, mit diesen Verhältnissen definitiv Schluß zu machen. Gemeint sind die Koalitionsabgeordneten, nicht zuletzt die aus Ostdeutschland, denen es offenbar an Vertrauen fehlte, daß die Treuhandanstalt mit ihren Selbstauflösungsplänen wirklich ernstzumachen gewillt war.

4.3 Macht

Macht kann im Hinblick auf ihre Ergebnisse oder im Hinblick auf die Art ihrer Ausübung definiert werden. Max Weber hat Macht vom Ergebnis her definiert als Chance, den eigenen Willen auch gegen Widerstreben durchzusetzen. Die Art und Weise der Machtausübung hingegen, so Weber, sei so vielgestaltig, daß sie sich einer exakten Definition entziehe. Eine andere bekannte Definition, die von Karl W. Deutsch, ist hier weniger zurückhaltend und gleichwohl plausibel. Macht, so Deutsch, bedeute, *sich leisten zu können nicht zu lernen* (Deutsch 1966: 110).

Die Definition von Deutsch erfaßt tatsächlich erlebbare Machtbeziehungen recht plastisch. Das Gefühl der *Ohnmacht* besteht ganz wesentlich aus dem Erleben, daß mit den Mitteln des Überzeugens und Argumentierens nichts auszurichten ist - und zwar nicht etwa, weil die Adressaten der Argumente diese nicht verstehen oder nachvollziehen könnten, sondern weil sie so oder so zur Durchsetzung der eigenen Position entschlossen sind und für die Ignoranz gegenüber rationaler Argumentation keine Sanktionen zu befürchten haben. (Übrigens sind es gerade Intellektuelle, denen diese Eigenschaft von Machtbeziehungen habituell die größten Schwierigkeiten bereitet, was ein Erklärungsfaktor für den geringen Erfolg intellektueller Quereinsteiger in der Politik sein mag.)

In jedem der von uns betrachteten verwaltungspolitischen Gestaltungsprozesse hat der Einsatz von Macht in Gestalt des sanktionslosen Nicht-Dazu-Lernen-Wollens eine Rolle gespielt. Die Beamten im brandenburgischen Umweltministerium mußten feststellen, daß ihre fachlichen Argumente zu Gunsten von staatlichen Umwelt-Sonderbehörden am politischen Willen von Landesregierung und Koalition zur Durchsetzung eines zweistufigen Verwaltungsaufbaus ohne Sonderbehörden abprallten. Hier half kein Argumentieren, weil man die Politiker kaum veranlassen konnte, eine verwaltungspolitische Kosten-Nutzen-Rechnung aufzumachen. Deren Bilanz hätte zu dem - durchaus vertretbaren - Ergebnis geführt, daß man sich eine relativ ineffiziente Umweltverwaltung leisten wollte, um insgesamt klare Aufbaustrukturen der Landesverwaltung gewährleisten zu können.

Komplementär hierzu wiederum sind die Verhältnisse in Sachsen. Hier waren die Spitzenbeamten im Umweltministerium der nachvollziehbaren

Auffassung, daß sie ihre entscheidenden Lehrjahre in Sachen Vollzugsorganisation bereits im Westen hinter sich gebracht hatten. Wesentliches konnte man also nicht mehr dazulernen. Entsprechend machtorientiert wurde die Attitüde der Ministerialbürokratie in ihrem verwaltungspolitischen Umfeld wahrgenommen. Dies bekamen in erster Linie die Mitarbeiter der ehemaligen DDR-Wasserwirtschaftsdirektionen zu spüren, die sich illusionäre Hoffnungen auf den hochmodernen Aufbau einer Landesoberbehörde gemacht hatten. Ebenso die Regierungspräsidien, die zur Kenntnis nehmen mußten, daß sie als Aufsichtsbehörde der Mittelinstanz der direkten Kooperationsachse zwischen Ministerium und dessen eigenen Geschöpfen, den Staatlichen Umweltfachämtern, recht machtlos gegenüberstanden.

Bei der Kreisreform bietet sich ein ähnliches Bild, allerdings wiederum in komplementärer Ausprägung für Brandenburg und für Sachsen. Die brandenburgische Regierung hatte für die Kreisreform klare Gestaltungsvorstellungen, während die sächsische Staatsregierung der Devise einer Konsensfindung vor Ort folgte. Die Regierung in Brandenburg machte sich nach Ablauf der Freiwilligkeitsphase für die Kreiszusammenschlüsse einwandsimmun (und sie konnte es sich leisten), die sächsische Staatsregierung hingegen bekam zunehmend die Macht der Landräte und der sie stützenden CDU-Fraktion zu spüren. Die Beamten im sächsischen Innenministerium, die die Kreisreform konzipiert hatten, mußten mit ähnlichen Ohnmachtsgefühlen kämpfen, wie die Kollegen im brandenburgischen Umweltministerium unter ganz anders gearteten verwaltungspolitischen Umständen.

Eine exemplarische Machtstrategie verfolgte der Präsident der Treuhandanstalt Rohwedder bei der Umgestaltung der Treuhand-Organisation im Spätsommer und Herbst 1990. Es dürfte auch der einzige Fall sein, in dem der Einsatz von Macht zum Aufbau funktionsfähiger Staats- und Verwaltungsstrukturen in Ostdeutschland mit ungestraftem Gesetzesbruch einherging. Rohwedder ignorierte die vom ersten und letzten demokratischen Gesetzgeber der DDR erlassenen Vorschriften zum Aufbau von Treuhand-Aktiengesellschaften und wiederbelebte statt dessen die Strukturen der DDR-Branchenministerien und der Bezirksleitungen der früheren VEBs und Kombinate. Daraus wurde die Treuhand-Zentrale in Berlin mit ihren fünfzehn Niederlassungen.

Genau umgekehrt die Situation im Frühjahr 1994. So als wollte sich der Bundestag für die Behandlung der letzten Volkskammer rächen, demonstrierten nun Abgeordnete der Regierungskoalition der Treuhandanstalt, wer der eigentliche Herr im Hause war. Ausschlaggebend war jedoch die Haltung des eigentlichen Machtzentrums, des Bundeskanzleramtes. Erst als sich herausstellte, daß man dort den Widerstand in den Regierungsfraktionen auch um den Preis der Beibehaltung einer zentralistischen Behördenstruktur für die Treuhand-Nachfolge befrieden wollte, wurde endgültig klar, daß alles Argumentieren im Sinne der ursprünglichen Auflösungsvorstellungen nutzlos war. Vergleicht man die Machtstrategie Rohwedders im Jahre 1990 mit der Machtstrategie des Bundeskanzleramtes im Jahre 1994, so wird deutlich, daß sie sich in nahezu tragischer Weise ergänzten, nämlich mit dem Effekt einer Fortschreibung jener Wirtschaftsverwaltungsstrukturen der DDR, deren Erbe die Treuhandanstalt im Jahre 1990 angetreten hatte.

4.4 Zeit

Die Bedeutung von Zeitpunkten und Zeitsequenzen für den Verlauf verwaltungspolitischer Gestaltungsprozesse wird im allgemeinen eher vernachlässigt. Es wäre jedoch abwegig zu unterstellen, daß sich verwaltungspolitische Akteure zu jedem Zeitpunkt gleich verhalten, nämlich so, wie es ihnen ihre institutionellen Rollen auferlegen. Es ist leicht nachvollziehbar, daß Akteure zu unterschiedlichen Zeitpunkten einen unterschiedlichen Wissensstand, unterschiedliche Handlungsmöglichkeiten und unterschiedliche Handlungsstrategien haben.

Für das Verständnis des Neubaus von Verwaltungsstrukturen im Osten Deutschlands nach 1990 ist die Beachtung von Zeitpunkten und Zeitsequenzen besondern naheliegend und hilfreich, weil wir es mit einer anfangs unvermeidlichen Asymmetrie von Wissen, Strategiefähigkeit und - siehe oben - Macht zwischen West und Ost zu tun haben. Diese Asymmetrien haben sich mit fortschreitender Zeit immer mehr nivelliert, aber gerade deshalb kam der "Zeitschiene" (wie es heute im Technokratenjargon heißt) für den tatsächlichen Verlauf der Gestaltungsprozesse große Bedeutung zu.

In den von uns betrachteten Fällen bestätigt sich dies durchgehend, außer im Fall der brandenburgischen Umweltverwaltung. Hier war die verwaltungspolitische Generallinie der Landesregierung schon bald nach den Landtagswahlen vom Oktober 1990 so festgefügt, daß die Experten im Umweltministerium mit ihren gegenläufigen Vorstellungen für eine effiziente Vollzugsstruktur von Anfang an nur geringe Durchsetzungschancen hatten.

Das Gegenbeispiel bietet neuerlich der Aufbau der Umweltverwaltung in Sachsen. Hier war die Ausnutzung des Zeitvorteils durch die Ministerialbürokratie vielleicht sogar von ausschlaggebender Bedeutung. Die

Schlüsselentscheidungen für den Aufbau der Umweltverwaltung fielen sämtlich im Jahre 1991 und damit in einer Entwicklungsphase, in der die potentiellen Konkurrenten um Kompetenzen, die Landräte und kreisfreien Städte sowie die Regierungspräsidien, mit dem Aufbau ihrer eigenen Verwaltungsstruktur alle Hände voll zu tun hatten. Selbst später wurde die Aufmerksamkeit der Landräte naheliegenderweise wesentlich mehr von der Kreisreform in Anspruch genommen als vom Aufbau einer Landesfachverwaltung, auch wenn diese für die kommunale Ebene so bedeutsam sein mochte wie die Umweltverwaltung.

In ähnlicher Weise wie die sächsische Ministerialverwaltung beim Aufbau der Umweltverwaltung nutzte die Landesregierung in Brandenburg den Zeitvorteil bei der Kreisreform, während die sächsische Staatsregierung in dieser Frage alle Zeitvorteile verschenkte. Die brandenburgische Regierung setzte die Landräte durch die Begrenzung der Freiwilligkeitsphase für die Kreiszusammenschlüsse (bis August 1992) unter Druck, während die sächsische Staatsregierung sich bei der Kreisreform letztlich auch den Zeitplan durch die Landräte und deren Repräsentanten in der Regierungsfraktion vorgeben ließ. Zeitmanagement war offensichtlich für die brandenburgische Regierung ein wichtiges Kalkül, während es von der sächsischen Staatsregierung weitgehend vernachlässigt wurde. Im Ergebnis verlor die sächsische Staatsregierung bei der Kreisreform die Initiative, während die brandenburgische Regierung das verwaltungspolitische Heft nie aus der Hand zu geben brauchte.

Auch Aufbau und gescheiterte Auflösung der Treuhandanstalt waren von den Zeitsequenzen der Entscheidungen maßgeblich beeinflußt. Treuhandpräsident Rohwedder nutzte entschlossen das 'Fenster der sich bietenden Gelegenheit', als er im Spätsommer und Herbst 1990 die Organisation der Treuhandanstalt radikal umgestaltete. Möglich war dies mutmaßlich nur in dem schmalen Zeitkorridor zwischen dem Rücktritt des ersten Präsidenten der Treuhandanstalt, Gohlke, vom 20. August 1990 und dem Ausklang des Wahlkampfes zur ersten gesamtdeutschen Bundestagswahl, am 6. Dezember 1990. Der Handlungsspielraum des Treuhandpräsidenten resultierte maßgeblich aus der Agonie der DDR-Institutionen wenige Wochen vor ihrem Untergang und dem Schleier der Illusionen, der selbst noch im Herbst 1990 das tatsächliche Ausmaß der dramatischen wirtschaftlichen Depression in Ostdeutschland verhüllte.

Für die Planungen zur Auflösung der Treuhandanstalt und deren Überführung in Nachfolgeinstitutionen spielte Zeitmanagement von Anfang an eine wichtige, wenn nicht sogar maßgebliche Rolle. Nach den ursprünglichen Planungen, die auf einer Klausurtagung des Treuhand-Vorstandes in Lindow am 21. und 22. August 1992 festgelegt worden waren, sollte die

Entscheidung zur Überführung der Treuhandanstalt in rechtlich verselbständigte, flexible Nachfolgeinstitutionen in jedem Fall vor Beginn des Wahlkampfjahres 1994 abgeschlossen sein.[5] Diese Zeitpläne waren spätestens mit der Intervention von Koalitionsabgeordneten gegen den Regierungsentwurf für das Auflösungskonzept im Herbst 1993 gescheitert. Als sich Anfang 1994 die Auffassungsunterschiede zwischen Treuhandspitze und Haushaltsausschußes des Bundestages zuspitzten, mag in der Tat die eigentümliche Psychologie des Wahlkampfjahres die Entscheidungsträger im Bundeskanzleramt bewogen haben, in Sachen Treuhandanstalt den Risiken koalitionsinterner Konflikte aus dem Wege zu gehen und das mit so viel Sensibilität für die zeitlichen Abläufe entwickelte Auflösungskonzept des Treuhand-Vorstandes zu kassieren.

4.5 Persönlichkeiten ■

Die Analyse der Rolle der Persönlichkeit bei der Gestaltung sozialer und politischer Prozesse gehört strenggenommen nicht zum Gegenstand der *Sozial*wissenschaften. Sozialwissenschaften betrachten Individuen als Mitglieder von Kollektiven (Familien, Sippen, Gruppen, Institutionen, Völker, Staaten) und sie konzentrieren sich in aller Regel auf die Strukturen, die bei diesen Kollektiven festzustellen sind, deren Entstehung, Veränderung und Überwindung. Falls dennoch Individuen in den Sozialwissenschaften den Untersuchungsgegenstand bilden, so tun sie dies als Träger von Rollen, als Angehörige von Institutionen oder, wie in der Mikroökonomie, als Träger von als allgemeingültig unterstellten Handlungsorientierungen.

Aber selbstverständlich gibt es soziale und politische Prozesse, die ohne das Wirken ganz bestimmter Individuen mit ihren persönlichen Eigenschaften nicht erklärt werden können. Dies braucht hier nicht näher ausgeführt zu werden, es wird als methodologisches Problem naturgemäß in erster Linie in der Geschichtswissenschaft diskutiert. Persönlichkeiten sind, technisch gesprochen, auch in politisch-administrativen Prozessen unabhängige Variablen. Wie bei allen Variablen gibt es hier unterschiedliche Merkmalsausprägungen. Diese können als allgemein vernachlässigbar behandelt werden. Was den Neubau der Verwaltung in den ostdeutschen

---

5 Siehe "Ergebnisse der Klausurtagung Lindow 21. - 22.8.1992, "in: Treuhandanstalt (Hrsg.). Dokumentation 1990 bis 1994. Berlin: Eigenverlag 1994. Band 15: 144-161.

Bundesländern betrifft, wäre dies allerdings eher eine fahrlässige Unterlassung.

Einzelpersönlichkeiten haben dem Aufbau neuer Verwaltungsstrukturen in Ostdeutschland seit 1990 durchaus ihren Stempel aufgedrückt. In den von uns betrachteten Fällen war dies, aus welchen Gründen auch immer, in Brandenburg am wenigsten der Fall. Zwar hat es auch hier "starke" Persönlichkeiten gegeben, deren Einfluß auf verwaltungsorganisatorische Gestaltungskonzepte unverkennbar war (als Beispiel sei der Leitende Ministerialdirigent a. D. Köstering aus Nordrhein-Westfalen genannt). Das Kriterium für die Isolierung von Persönlichkeiten als unabhängige Variablen ist aber die Frage, ob die verwaltungspolitischen Gestaltungsprozesse mutmaßlich auch *ohne* sie denselben Verlauf genommen hätten. Dies kann hypothetisch nur in wenigen Fällen verneint werden, die hier wenigstens skizziert werden sollen.

So kann man mit einiger Sicherheit feststellen, daß der Aufbau der sächsischen Umweltverwaltung ohne das tätige Wirken des Staatssekretärs Angst im Umweltministerium nicht den beschriebenen Verlauf genommen hätte. Angst war der klassische *Change Agent*, der seine negativen Erfahrungen mit der westdeutschen Umweltverwaltung nicht für sich behielt, sondern die Tabula-rasa-Situation im Osten als Gunst der Stunde definierte, um eine ideale Vollzugsstruktur für den Umweltschutz in Sachsen gleichsam wie am Reißbrett zu entwerfen und, was das Entscheidende ist, auch unter großem persönlichen Einsatz durchzusetzen.

Von ähnlicher Energie und organisatorischer Produktivkraft war in den von uns betrachteten Fällen nur noch der Treuhandpräsident Rohwedder. Daß es auf die Persönlichkeit Rohwedders ankam, zeigt der schlichte Umstand, daß zur Verwirklichung seiner Reorganisationsvorstellungen der erste Treuhandpräsident Gohlke abgesetzt werden mußte. Die Bedeutung der Persönlichkeit Rohwedders tritt aber noch deutlicher hervor, wenn man sich die Struktur des Machtkonflikts vergegenwärtigt, bei dessen Lösung Gohlke im Wege stand. Rohwedders Befürchtung, soviel wissen wir (vgl. Seibel 1993: 117-121, m.w.N.), war, daß sich die vom Gesetz vorgesehenen Treuhand-Aktiengesellschaften, ausgestattet mit notwendigerweise starken und selbstbewußten Aufsichtsrats- und Vorstandsvorsitzenden, zu unkontrollierbaren Machtzentren entwickeln würden. Vorgesehen war die Bildung von vier Treuhand-Aktiengesellschaften (für deren Sitz im Juli und August 1990 bereits die Immobilien in Augenschein genommen wurden), und es ist eine sehr naheliegende Vermutung, daß der Verwaltungsratsvorsitzende der Treuhandanstalt (dem man, wie man in Ostdeutschland sagt, das Selbstbewußtsein nicht gerade wie einen vergessenen Mantel hinterhertragen mußte) das Heranwachsen von zweimal vier mächtigen Persönlichkeiten (jeweils Aufsichtsratsvorsitzender und Vorstandsvorsitzender) nicht zuletzt als eine Herausforderung für sein eigenes Ego betrachtete.

Nicht nur die Erfolge, sondern auch die Mißerfolge verwaltungspolitischer Gestaltungsvorhaben lassen sich ggf. auf das Wirken einzelner Persönlichkeiten zurückführen. Die gescheiterte Auflösung der Treuhandanstalt und der unbefriedigende Verlauf der Kreisreform in Sachsen bieten Beispiele hierfür.

Was die geplante und dann doch nicht zustande gekommene Auflösung der Treuhandanstalt betrifft, so mag die Persönlichkeit der Treuhandpräsidentin Breuel einiges zu den Kommunikationsstörungen beigetragen haben, die die Abstimmung zwischen Treuhandanstalt und Bundestag so nachhaltig behindern sollten (vgl. Abschnitt 4.2.3). Im Unterschied zu ihrem Amtsvorgänger Rohwedder verfügte Frau Breuel weder über bundespolitische Erfahrung noch über nennenswerten Einfluß bei Spitzenpolitikern im Bund oder auch nur in der Bundestagsfraktion ihrer eigenen Partei, der CDU. Die Treuhandpräsidentin war andererseits auch nicht in der Lage und wohl auch nicht willens, diese Defizite durch eine gezielte 'Pflege der Bonner Landschaft' auszugleichen. So mochte die Treuhandpräsidentin auch von Angehörigen der Unionsfraktion im Bundestag zwar als freundlich und korrekt wahrgenommen werden. Von tiefer Demut gegenüber den Repräsentanten des Souveräns war die Treuhandpräsidentin in der parlamentarischen Wahrnehmung aber kaum erfüllt. Die nie aufgegebenen ordnungspolitischen Grundüberzeugungen von Frau Breuel, die sie am Ziel einer konsequenten Auflösung der zentralistischen Bundesagentur Treuhandanstalt strikt festhalten ließ, mag ein übriges getan haben, um die kommunikative Geschmeidigkeit der Treuhandpräsidentin nicht ins Kraut schießen zu lassen. Alles in allem waren dies keine guten persönlichen Voraussetzungen für ein erfolgreiches Konfliktmanagement im heiklen Spannungsverhältnis zwischen Treuhandanstalt und Bundestag, in dem das Parlament zwangsläufig am längeren Hebel saß.

Der persönliche Faktor hat auch beim relativen Scheitern der sächsischen Kreisreform eine nicht unerhebliche Rolle gespielt. Dies betrifft vor allem die Rolle des Innenministers Eggert, der die ihm zukommende Führungsrolle in diesem Fall nicht wahrgenommen hat. Der Innenminister war vor seinem Amtsantritt selber Landrat gewesen und dieser Erfahrungshintergrund mochte ihn in der Ausfüllung seiner staatlichen Funktion gegenüber den kommunalen Partikularinteressen behindern. Es ist jedenfalls nicht erkennbar, daß Eggert die politische Dimension der Kreisreform und die daraus erwachsenden Führungspflichten des Innenministers jemals erkannt hätte. So stand seine Ministerialbürokratie allein auf weiter Flur, wo sie gegenüber den Landräten und deren Sachwaltern in der Regierungsfraktion zu keinem Zeitpunkt zu bestehen vermochte.

■ 4.6 Kosten und Nutzen

Kosten-Nutzen-Erwägungen dürften bei den von uns untersuchten Entscheidungen zum Aufbau neuer Verwaltungsstrukturen in Ostdeutschland nur eine sehr untergeordnete Rolle gespielt haben. Das bedeutet keineswegs, dies kann aus naheliegenden Gründen nicht deutlich genug betont werden, daß die Ökonomie des Umgangs mit öffentlichen Ressourcen in den neuen Bundesländern vernachlässigt wurde. Festzustellen ist nur, daß bei der Auswahl der auch unter verwaltungsökonomischen Gesichtspunkten vernünftigerweise in Frage kommenden organisatorischen Alternativen, Gesichtspunkte rein monetärer Kostenersparnis keine zentrale Rolle gespielt haben.

Lediglich im Bereich der Umweltverwaltung haben sowohl in Brandenburg als auch in Sachsen verwaltungsökonomische Gründe in engerem Sinne eine gewisse Bedeutung erlangt. Dies betraf die Eingliederung des Personals der früheren DDR-Umweltbehörden. Der Umweltschutz in der DDR hatte sich namentlich auf den Gewässerschutz konzentriert, und die Aufgabenträger waren hier die Wasserwirtschaftsdirektionen (WWD). In Brandenburg wurde das Personal der WWD nicht nur weitgehend in die neuen Verwaltungsstrukturen eingegliedert, hier wurden auch die alten Standorte (Cottbus, Frankfurt/Oder, Potsdam) beibehalten. Die Standorte wurden dann zu Außenstellen des Landesumweltamtes (mit Sitz in Potsdam) umgewandelt. Allerdings war ein Nebenziel der Standortverteilung auch die regionale Strukturförderung.

Rigoroser auch im Hinblick auf schlichte Kostenersparnis ging man in der sächsischen Umweltverwaltung vor. Hier wurden die Pläne der Mitarbeiter der Wasserwirtschaftsdirektionen, die alten Organisationsstrukturen zu konservieren und sogar noch technologisch aufzuwerten, durch den Staatssekretär im Umweltministerium zu Fall gebracht. Kostenerwägungen führten auch dazu, daß ein selbständiges Landesamt für Geologie im Geschäftsbereich des Umweltministeriums nicht errichtet, sondern der entsprechende Aufgabenbereich in das neugeschaffene Landesamt für Umwelt und Geologie eingegliedert wurde.

5. Führung oder Pfadabhängigkeit?

Darstellung und Erklärung der Fallverläufe folgen in dieser Studie einer Akteursperspektive. Das Entscheidungsverhalten der maßgeblichen Akteure sollte nachvollziehbar gemacht werden. Im vorangegangenen Kapitel wurde dann versucht, die wichtigsten Variablendimensionen darzustellen, in denen solche Faktoren angesiedelt sind, die das Verhalten der verwaltungspolitischen Akteure mutmaßlich geprägt haben.

Eine naheliegende Frage ist nun, *inwieweit* das Entscheidungsverhalten der verwaltungspolitischen Akteure durch die hier analysierten Umstände tatsächlich *determiniert* war. Im Extremfall einer *deterministischen* Interpretation wäre die Festlegung so weitgehend, daß der Entscheidungsspielraum der Akteure gegen Null tendierte. Im Fall einer extrem individualistischen Interpretation hingegen müßte man unterstellen, daß begabte verwaltungspolitische Führungspersönlichkeiten weitgehend frei schalten und walten könnten, wenn sie nur wollten.

Selbstverständlich sind solche Extremvarianten der Interpretation wenig realistisch, und ebenso selbstverständlich liegt die Wahrheit irgendwo in der Mitte.

Einerseits sind institutionelle Entwicklungen durch *Pfadabhängigkeiten* geprägt (vgl. David 1985). Selbst die weitgehend offene Situation der organisatorischen Gestaltung ostdeutscher Landesverwaltungen war durch Faktoren weitgehend vorgeprägt, die sich dem Dispositionsspielraum der verwaltungspolitisch Verantwortlichen entzogen. Es war ja vorentschieden, daß es in den ostdeutschen Bundesländern Verwaltungsstrukturen nach westdeutschem Muster geben sollte, lediglich die territorialen Zuschnitte und die Kompetenzzuweisungen im einzelnen waren Gegenstand tatsächlicher Dispositionsspielräume. Im Bereich der Umweltverwaltung waren es wiederum die gesetzlichen Rahmenbedingungen, die die Pfade einer Organisationsgestaltung im Vollzugsbereich, wenn auch mit erheblichen Variationsmöglichkeiten, im Prinzip vorzeichneten. Für die westdeutschen Akteure schließlich, die im Juli 1990 das Regime in der Treuhandanstalt übernahmen, war vorentschieden, daß es eine durchgreifende administrative Steuerung und Verantwortung des Privatisierungsprozesses geben sollte, und vor allem war vorentschieden, daß es angesichts des rasanten Verfalls der ostdeutschen Wirtschaft im Gefolge der Währungsunion zum schnellstmöglichen Verkauf des Treuhandbesitzes und damit wiederum zur Errichtung einer zentralistisch-rigiden Organisationsstruktur keine Alternative gab.

Aus der Einsicht in Pfadabhängigkeiten kann man aber wenig lernen, außer, daß es wohl so und nicht anders habe kommen müssen. Das wäre wenig befriedigend. Nicht, weil es tatsächlich anders hätte kommen können, sondern, weil die Frage, *ob* es nicht auch anders hätte kommen können, erst gar nicht gestellt wird. Die Betrachtung von Pfadabhängigkeiten allein würde nämlich die Dimension verwaltungspolitischer *Führung und Verantwortung* ausblenden. Eine derart selektive Analyse kann durchaus gerechtfertigt sein, eben wenn man es auf die Pfadabhängigkeiten und nicht auf die Problematik von Führung und Verantwortung abgesehen hat. Wenn man jedoch aus dem Verwaltungsaufbau in den ostdeutschen Bundesländern praktische Lehre ziehen will, kann man an der Problematik von Führung und Verantwortung nicht vorbeigehen, weil die Lehren ja in erster Linie für diejenigen bestimmt sind, die selbst in der Position sind oder in diese geraten könnten, verwaltungspolitische Führung und Verantwortung auszuüben.

Wenn wir also nochmals zu den hier betrachteten sechs verwaltungspolitischen Prozeßverläufen zurückkehren, lohnt sich die Frage nach dem Bindungsgrad der jeweiligen Pfadabhängigkeiten, den verbliebenen Handlungsspielräumen und deren Ausnutzung durch die maßgeblichen Akteure. Wurden die Erfolge in den erfolgreichen Gestaltungsprozessen vor allem durch günstige Umstände hervorgebracht oder durch kluge verwaltungspolitische Entscheidungen? Waren die Mißerfolge aufgrund ungünstiger Umstände nahezu unvermeidlich oder sind sie auf verwaltungspolitisches Führungsversagen zurückzuführen?

Als erfolgreich konnten die Kreisreform in Brandenburg, der Aufbau der Umweltverwaltung in Sachsen und die Etablierung der Treuhandanstalt im Jahre 1990 gewertet werden. Fragt man zunächst nach den günstigen Umständen, die zu diesen positiven Ergebnissen beigetragen haben, so ergibt sich folgendes Bild.

Die Kreisreform in Brandenburg war in struktureller Hinsicht lediglich durch die Existenz einer Koalitionsregierung und durch die parteipolitische Heterogenität unter den potentiellen Hauptopponenten, den Landräten und Wahlkreisabgeordneten, begünstigt. Die Koalitionsabsprache zugunsten eines zweistufigen Verwaltungsaufbaus - mit der Konsequenz großer und verwaltungsstarker Landkreise - hatte eine höhere Bindungswirkung als partei*interne* Absprachen es hätten haben können. Die parteipolitische Heterogenität unter den Landräten verhinderte die Formierung einer einheitlichen Veto-Gruppe, wie sie unter den ganz anders gearteten Bedingungen in Sachsen schnell zustande kam.

Was den Aufbau der Umweltverwaltung in Sachsen betrifft, so lagen strukturell begünstigende Umstände allein in der Unschärfe, mit der die

Staatsregierung ihre verwaltungspolitischen Leitideen formuliert hatte ("Konsens mit den Landräten") sowie in der relativ geringen öffentlichen Aufmerksamkeit, die der Aufbau einer Fachverwaltung naturgemäß auf sich zieht. Beides begünstigte sowohl die Formulierung als auch die Durchsetzung verwaltungsorganisatorischer Gestaltungsoptionen, die auf Interessenkonflikte mit den Kreisverwaltungen und den Landräten herauslaufen mußten.

Was die Etablierung der Treuhandanstalt nach dem 1. Juli 1990 betrifft, so ging eine entscheidende strukturelle Begünstigung von der Schwäche des DDR-Gesetzgebers, also der Volkskammer, aus. Nur dadurch wurde es möglich, daß die Organisation der Treuhandanstalt nach der Übernahme des Präsidentenamtes durch Rohwedder am 20. August 1990 unter schlichtem Bruch des Volkskammergesetzes vom 17. Juni durchgreifend und ungestraft umgestaltet wurde.

Als verwaltungspolitische Mißerfolge haben wir die Kreisreform in Sachsen, den Aufbau der Umweltverwaltung in Brandenburg und die faktische Nicht-Auflösung der Treuhandanstalt im Jahre 1994 identifiziert. Welches waren hier die wichtigsten strukturellen Determinanten?

Das relative Scheitern der Kreisreform in Sachsen wurde ironischerweise durch die absolute Mehrheit der regierenden CDU im Landtag begünstigt. Sie verschaffte den Landräten sowie den Wahlkreisabgeordneten eine überaus starke Position.

Der Aufbau der Umweltverwaltung in Brandenburg ist vielleicht der deutlichste Fall einer nahezu deterministischen Pfadabhängigkeit. Mit der Festlegung der Landesregierung auf einen zweistufigen Verwaltungsaufbau und die absolute Bevorzugung der allgemeinen Verwaltung auf der unteren Ebene und damit einer Absage an staatliche Sonderbehörden, war den Plänen der Ministerialverwaltung im Umweltministerium für umweltmedienübergreifende staatliche Sonderbehörden bereits die Grundlage entzogen worden. Hier hätte auch der Minister nur um den Preis eines Grundsatzkonflikts mit seinem Kollegen vom Innenressort die Handlungsspielräume erweitern können.

Das faktische Scheitern einer Auflösung der Treuhandanstalt im Jahre 1994 war in gewisser Weise in der Entpolitisierungsfunktion der Treuhandanstalt strukturell angelegt. Die ausgeprägte Autonomie der Treuhandanstalt, welche die Funktion eines Legitimationspuffers für die Privatisierungspolitik der Bundesregierung erfüllte, wurde zu dem Zeitpunkt dysfunktional, als es bei der Vorbereitung der Treuhand-Nachfolgestrukturen auf vertrauensvolle Kooperation mit den parlamentarischen Gremien in Bonn angekommen wäre.

Welche Spielräume ließen diese strukturellen Determinanten nun für Führungserfolge oder Führungsversagen?

Der Erfolg der Kreisreform in Brandenburg ist insofern als Führungserfolg der Landesregierung und hier namentlich des Innenministers und des Staatsministers in der Staatskanzlei zu werten, als die verwaltungspolitischen Leitideen operational gefaßt und konsequent durchgehalten wurden. Von besonderem taktischen Geschick aber war die Trennung der gebietlichen von den nicht-gebietlichen Fragen der Kreisreform, insbesondere die verfahrensmäßige Isolierung der Kreissitzfrage. So erreichte die Landesregierung bei den Kreiszusammenschlüssen vollendete Tatsachen, ohne diesen Entscheidungsprozeß mit den besonders intensiven Konflikten um die Kreissitze zu belasten.

Der erfolgreiche Aufbau einer effizienten Vollzugsstruktur im Bereich der Umweltverwaltung in Sachsen ist ein klarer Führungserfolg der Leitungskräfte im Umweltministerium. Vergleicht man die legitimatorischen und machtpolitischen Zustände mit denen der Kreisreform in Brandenburg, so waren die Ausgangsbedingungen in diesem Fall ja wesentlich ungünstiger. Immerhin kämpfte die Bürokratie des sächsischen Umweltministeriums mit einer Leitidee der Staatsregierung, die den Konsens mit den wichtigsten Widersachern einer effizienten Vollzugsstruktur der Umweltverwaltung einforderte, mit den Landräten. Außerdem mußten die Kompetenzansprüche der Regierungspräsidien und, was noch die leichteste Aufgabe war, die Beharrungskräfte bei den Mitarbeitern der ehemaligen Wasserwirtschaftsdirektionen überwunden werden. All diese Restriktionen überwunden und eine Umweltverwaltung nahezu 'aus einem Guß' gestaltet zu haben, bleibt eine organisatorisch ebenso wie politisch bemerkenswerte Leistung.

Demgegenüber hatte Treuhandpräsident Rohwedder bei der organisatorischen Neugestaltung der Treuhandanstalt im Spätsommer und Herbst 1990 geradezu leichtes Spiel. Seine Leistung war im wesentlichen intellektueller Natur. Rohwedder hatte die Unzulänglichkeit der Treuhand-Struktur auf der Grundlage des Gesetzes vom 17. Juni 1990 durchschaut, als diese Struktur im wesentlichen erst auf dem Papier stand. Er brachte jene Mischung aus Sachverstand und Durchsetzungsfähigkeit mit, die für erfolgreiche organisationspolitische Führung unerläßlich ist. Rohwedders wichtigstes Kapital, mit dem er diesen Führungserfolg erwirtschaftete, waren die Reputation und das Vertrauen, das er gleichermaßen in den Führungsetagen der westdeutschen Industrie und auf den höchsten Ebenen der Bonner Parketts besaß.

Welche Führungsmängel lassen sich für die von uns betrachteten verwaltungspolitischen Mißerfolge diagnostizieren?

Was die Kreisreform in Sachsen betrifft, so haben wir bereits im Abschnitt 4.5 einige Ausführungen zum kontraproduktiven Wirken der involvierten Führungspersönlichkeiten gemacht. Führungsversagen wird man namentlich den beiden verantwortlichen Innenministern vorhalten müssen, die die Grundsatzbedeutung der Kreisreform offenbar zu keinem Zeitpunkt erkannt haben und schon allein aus diesem Grunde nicht zu einer effektiven politischen Rückendeckung der eigenen Ministerialbürokratie finden konnten. Aber auch der Vorsitzende der CDU-Landtagsfraktion ist den Erwartungen nicht gerecht geworden, die man bei einem Vorhaben billigerweise in ihn setzen konnte, bei dem es erkennbar auf die Ausschaltung von Obstruktionspotential unter den Landräten in der eigenen Landtagsfraktion angekommen wäre. Freilich hat hier auch der Ministerpräsident die Zügel schleifen lassen.[1]

Wenn es eine persönliche Verantwortung für die unzureichenden Vollzugsstrukturen gibt, mit denen für die absehbare Zukunft die Landesumweltverwaltung in Brandenburg zurechtkommen muß, so liegt diese in erster Linie bei dem zuständigen Minister, der ausgerechnet von der Umweltpartei Bündnis '90 gestellt wurde. Für ihn besaßen Organisationsfragen offenbar einen geringen Aufmerksamkeitswert. Es mag hinzu gekommen sein, daß der Minister loyal hinter der verwaltungspolitischen Generallinie mit der Vorgabe eines nur zweistufigen Verwaltungsaufbaus und des Verzichts auf Sonderbehörden stand. Er mag nicht rechtzeitig erkannt haben, daß dies mit den organisatorischen Erfordernissen einer effizienten Vollzugsstruktur im Umweltbereich nur schwer zu vereinbaren war.

Nicht einfach zu beantworten ist die Frage, ob es beim praktischen Scheitern der Treuhand-Auflösung einen maßgeblichen Anteil von Führungsversagen gegeben hat. Es hat den Anschein, daß man in der Treuhand-Spitze die Risikozonen der fragilen Beziehungen zum Bonner Parlament, das ja nunmehr unausweichlich einzuschalten war, nicht hinreichend ausgelotet hat. Man hätte wohl auch in Bonn eine wirkungsvollere

---

1   Mit dem neuerlichen Wechsel im Innenministerium im Jahre 1995 (von Eggert zu Hardraht) scheinen sich die Verhältnisse in verwaltungspolitischer Hinsicht jedoch erheblich verbessert zu haben. Innenminister und Ministerpräsident haben die zügige Durchführung einer Funktionalreform auf die Tagesordnung der Staatsregierung gesetzt, deren Anliegen vor allem - neben der Kompetenzbereinigung in der horizontalen und vertikalen Verwaltungsgliederung - die Dezentralisierung von Aufgaben und Kompetenzen ist. Auch die Funktion der Regierungspräsidien soll neu überdacht werden (der Innenminister sprach in diesem Zusammenhang von einer "Bewährungsprobe" für die Mittelinstanz (vgl. Sächsische Zeitung vom 24.10.1995), wenn auch der dreistufige Verwaltungsaufbau als solcher nicht in Frage gestellt werden soll.

politische Landschaftspflege betreiben müssen (vgl. dazu a. Abschnitt 4.5). Wie es passieren konnte, daß der zwischen Treuhand-Spitze, Bonner Ministerialbürokratie und den entscheidenden Kabinettsmitgliedern abgestimmte Entwurf für die Treuhand-Nachfolgestrukturen aus Kreisen der Koalition zu Fall gebracht wurde, bleibt ein schwer erklärlicher politischer Betriebsunfall. Ob es sich bei der Entscheidung der oberen und obersten Führungsspitzen im Bundeskanzleramt gegen die Auflösungskonzeption der Treuhandpräsidentin im März 1994 um politische Nervosität oder um angemessenes politisches Krisenmanagement gehandelt hat, wird man erst nach eingehenderen Untersuchungen beurteilen können.

Sucht man wiederum nach Strukturdeterminanten von Führungsversagen und Führungskompetenz, fallen zweierlei Faktoren ins Auge. Zum einen gibt es einen Kompetenzvorsprung der West-Akteure gegenüber den Ost-Akteuren, zum anderen einen Kompetenzvorsprung der Bürokratie gegenüber der politischen Leitungsebene.

Die Erfolgsfälle der Kreisreform in Brandenburg, des Aufbaus der Umweltverwaltung in Sachsen und der Etablierung der Treuhandstrukturen im Jahre 1990 sind in erster Linie durch Nicht-Politiker aus dem Westen zustandegebracht worden. Die Kreisreform in Brandenburg und der Aufbau der Umweltverwaltung in Sachsen wurden maßgeblich durch die jeweiligen Spitzenbürokratien unter wiederum maßgeblicher Beteiligung westdeutscher Leihbeamter und Berater vorbereitet und durchgeführt. Für die erfolgreiche Reorganisation der Treuhandanstalt im Spätsommer und Herbst 1990 war die feste Kooperationsachse zwischen dem Treuhandpräsidenten und seinen engsten Beratern einerseits, und einer Handvoll leitender Ministerialbeamter im Bonner Finanzministerium und im Wirtschaftsministerium andererseits von ausschlaggebender Bedeutung.

Nahezu komplementär sind die Verhältnisse bei den Mißerfolgsfällen. Hier sind es die Komponenten "ostdeutsch" und "politische Einmischung", die den Ausschlag zum Negativen geben. Für die Kreisreform in Sachsen ist dies mit Blick auf die Landräte und ihren Einfluß in und über die CDU-Fraktion im Landtag hinreichend erläutert worden. Der Aufbau effizienter Vollzugsstrukturen in der brandenburgischen Umweltverwaltung scheiterte nicht zuletzt an der ostdeutschen politischen Gesinnungsethik, wonach zentralgesteuerte staatliche Effizienz mit den Demokratisierungsidealen der Nach-Wendezeit unvereinbar sei. Auch bei der gescheiterten Auflösung der Treuhandanstalt waren es ostdeutsche Parlamentarier, die den Stein des Anstoßes ins Rollen brachten.

Dieser Befund spricht dafür, daß die östliche Verwaltung westdeutscher Prägung an das Selbststeuerungspotential anzuknüpfen vermochte, welches sich die deutsche Verwaltung als Garant staatlicher Stabilität über manigfache Regimewechsel und Regimezusammenbrüche hinweg erfolgreich angeeignet hat. Ohne politische Rückendeckung konnte bürokratisches Selbststeuerungspotential jedoch nur wenig ausrichten. Dieses Selbststeuerungspotential war unter den von uns näher betrachteten Fällen noch am ehesten beim Aufbau der sächsischen Umweltverwaltung zu vermerken. Auch hier jedoch waren die Spitzenbeamten, anders als ihre Kollegen im Innenministerium bei der Kreisreform, durch die politische Leitung nicht alleingelassen. Zunächst gab es Rückendeckung durch den Ministerpräsidenten, zu dem der Staatssekretär im Umweltministerium den sprichwörtlichen 'guten Draht' hatte. Später, nach Ablösung des Umweltministers Weise, wußte der sächsische Umweltminister Vaatz, der selbst zu den Reformern in der ostdeutschen CDU gehört, wohl sehr genau einzuschätzen, daß sein Staatssekretär den Kampf für die umwelt-medienübergreifenden staatlichen Sonderbehörden vor allem gegen die Fronde der Landräte zu führen hatte, die als Repräsentanten der alten Block-CDU zu seinen eigenen innerparteilichen Widersachern zählten. Eine vergleichbar wichtige Rolle bei der Kreisgebietsreform, wenn auch unter ganz anders gelagerten landespolitischen Bedingungen, spielte der brandenburgische Innenminister Ziel, der der SPD angehört. Bei Ziel war es das nur vordergründig paradoxe Anliegen, den Staatsapparat notfalls auch über zentralistische Durchgriffe zu dezentralisieren, welches für die planende Ministerialbürokratie die entscheidende politische Stütze darstellte.

Insofern hat es Führungskompetenz im gouvernementalen Bereich gerade auch von ostdeutschen Politikern gegeben, ja die Kombination von westdeutschem Sachverstand in den Ministerien und ostdeutscher politischer Anleitung - fachpolitisches Interesse und Durchsetzungsvermögen vorausgesetzt - scheint für die Durchsetzung verwaltungspolitischer Gestaltungsoptionen besonders produktiv gewesen zu sein.

Es hat aber den Anschein, als sei diese ostdeutsche Führungskompetenz tatsächlich auf Einzelfälle im Bereich der Regierung beschränkt gewesen. Intensivere *parlamentarische* Beteiligungen haben in den von uns untersuchten Fällen immer zu mehr Turbulenzen als zu intensiverer verwaltungspolitischer Steuerung geführt. Man mag einwenden, daß dies im Westen nicht grundsätzlich anders gewesen wäre. Gleichwohl stützen die von uns herangezogenen Fälle die Mutmaßung, daß das Zusammenspiel zwischen Parlamentarismus und Parteiensystem, was ja gar nicht überraschen kann, in Ostdeutschland weniger etabliert und berechenbar ist als im Westen. Sowohl im brandenburgischen als auch im sächsischen Landtag drohten die Regierungsfraktionen bei den entscheidenden Abstimmungen über die Kreisreformen auseinanderzulaufen. In Brandenburg wurde mit wechselnden Mehrheiten abgestimmt, in Sachsen war der im Landtag zusammengezimmerte Kompromiß mit so vielen Formfehlern behaftet, daß er teilweise durch den Verfassungsgerichtshof aufgehoben wurde. Das Steuerungspotential und somit die Führungskompetenz der Fraktionsleitungen ist in Ostdeutschland naturgemäß weniger gut entwickelt als in den westdeutschen Parlamenten.

Für diese Unsicherheiten parlamentarisch-politischer Steuerung sind, auch dies liegt mehr oder weniger auf der Hand, die geringen Erfahrungen der Ostdeutschen mit dem parlamentarischen Regierungssystem maßgeblich verantwortlich. Auch bei den Parlamentariern ist das Verhältnis zwischen Freiheit und Verantwortung nicht selten noch unausgewogen und daher instabil. Man kann jedenfalls plausiblerweise die erratischen Effekte parlamentarischer Einmischungen in verwaltungspolitische Angelegenheiten auf diese Weise interpretieren. Die sächsischen Parlamentarier, gerade auch die der Regierungsfraktion, mochten guten Gewissens annehmen, daß sie mit ihrem hartnäckigen Opponieren gegen die Kreisreformvorschläge des Innenministeriums neugewonnene demokratische Tugenden pflegten. Auch die ostdeutschen Parlamentarier der Regierungskoalition im Bundestag, deren Initiative letztlich das Auflösungskonzept der Bundesregierung für die Treuhandanstalt zu Fall brachte, durfte sich durch eine ähnliche urdemokratische Legitimität gestützt fühlen. In beiden Fällen fehlte jedoch die Kompetenz zu mehr als bloßer Opposition (interessanterweise in beiden Fällen eine Opposition innerhalb der Regierungsfraktion).

Daß es unter diesen Bedingungen auch erfahrenen westdeutschen Politikern schwerfallen konnte, Führungskompetenz unter Beweis zu stellen, zeigt das Beispiel des sächsischen Ministerpräsidenten. Seine ausgeprägte Konsensorientierung gegenüber den Landräten hätte sich unter den Bedingungen eingespielter westdeutscher parlamentarischer Verhältnisse durchaus auszahlen können. Der Ministerpräsident mag aber auf eine Fähigkeit zu strategischem Verhalten unter den Landräten sowie auf die politischen Managementfähigkeiten des Vorsitzenden der Regierungsfraktion vertraut haben, die unter den ostdeutschen Verhältnissen und damit bei Politikern ohne jegliche parlamentarische Erfahrung in einem offenen demokratischen System offensichtlich nicht vorausgesetzt werden konnten.

Diese Unwägbarkeiten und erratischen Effekte der verwaltungspolitischen Gestaltungsprozesse in Ostdeutschland erklären, darauf soll ausdrücklich hingewiesen werden, ganz maßgeblich die letztendlich zustande gekommenen institutionellen Ergebnisse.

6. Imitation, Innovation – und: Persistenz

Die von uns näher betrachteten verwaltungspolitischen Gestaltungsprozesse haben zunächst und vor allem demonstriert, wie wenig man in Ostdeutschland nach 1990 auf eine bloße Imitation westdeutscher Verhältnisse aus war. Dies kann nur den naiven Betrachter erstaunen. Denn gerade die staatlichen Institutionen sind in der föderativen deutschen Demokratie auf dezentrale Variation ausgerichtet. So wie es bereits unwahrscheinlich ist, daß wir in nur zwei westdeutschen Ländern für ein und dasselbe Gesetz identische Vollzugsstrukturen antreffen, so war es erst recht anzunehmen, daß sich in Ostdeutschland nach der Wiedervereinigung die grundlegend unterschiedlichen lokalen und regionalen Verhältnisse mit den Lerneffekten westdeutschen Beratungs- und Leitungswissens zu innovativen Orientierungen kombinieren würden.

So waren es sicher keine Ausnahmen, sondern typische Konstellationen, wenn in den von uns näher betrachteten Fällen die verwaltungsorganisatorischen Gestaltungsoptionen oftmals auf Innovationen zielten. Bei der Kreisreform wollte man in Brandenburg und Sachsen innovative Lösungen für die Stadt-Umland-Problematik erreichen und die Verwaltungsstandortpolitik bei der Festlegung der Kreissitze zur Strukturförderung namentlich des ländlichen Raumes nutzen (in Brandenburg bereits in einem ersten Neugliederungsvorschlag der "Unabhängigen Arbeitsgruppe", in Sachsen im Gesetzentwurf der Staatsregierung) - beides Konsequenzen aus einschlägigen negativen Erfahrungen in Westdeutschland. Hinzu kam in Brandenburg (gleiches gilt übrigens für Mecklenburg-Vorpommern und für Thüringen) der für westdeutsche Flächenländer dieser Größenordnung ganz ungewöhnliche Verzicht auf eine allgemeine Mittelinstanz. Auch dies ist eine Innovation, die in Westdeutschland zum Beispiel in den 1970er Jahren intensiv diskutiert, aber nirgends umgesetzt wurde. In der Umweltverwaltung sollten sowohl in Brandenburg als auch in Sachsen geradezu Modellverwaltungen geschaffen werden, die es in Westdeutschland allein schon aufgrund der späten Entstehung dieses Verwaltungszweiges nicht gab. Im Fall der Treuhandanstalt schließlich gab es ohnehin nichts Westliches zu imitieren.

Gleichwohl sind diese Rechnungen nicht alle aufgegangen - und wir haben in den vorangegangenen Kapiteln nach Erklärungen hierfür gesucht. Wie aber sind nun die letztendlichen institutionellen Ergebnisse sowohl der geglückten als auch der gescheiterten Innovationsversuche zu bewerten? Das Ergebnis ist, um es vorwegzunehmen, zweierlei. Die fehlgeschlagenen Innovationsversuche haben keine tragischen Folgen. Ihr Ergebnis ist nur die eigentlich gar nicht angestrebte *Imitation* der in diesen Fällen unzureichenden westdeutschen Verwaltungsverhältnisse. Neben den geglückten *Innovationen*, die die Ergebnisse der Kreisverwaltung in Brandenburg oder den Aufbau der Umweltverwaltung in Sachsen kennzeichnen, gibt es die Imitationen wider Willen, die wir bei der zerfaserten Vollzugsorganisation der Umweltverwaltung in Brandenburg wiederfinden und bei der auf halbem Wege stehengebliebenen Kreisreform in Sachsen.

Neben den Phänomenen der Imitation und der Innovation - immer gemessen am westdeutschen Standard - können wir jedoch auch bemerkenswerte *Persistenzen* ostdeutscher, genauer gesagt: DDR-spezifischer, institutioneller Verhältnisse feststellen. Auf besonders krasse Weise illustriert dies der in mancher Hinsicht geradezu bizarre Fall der organisatorischen Entwicklung der Treuhandanstalt. Hier sollten die DDR-spezifischen Organisationsstrukturen nach dem Willen der ersten und letzten demokratisch gewählten Volkskammer zerschlagen werden, sie wurden dann jedoch ausgerechnet durch die Manager aus dem Westen unter Detlev Rohwedder restauriert, um dann im Jahre 1994, durch den faktischen Verzicht auf die Auflösung der Treuhandanstalt, bis auf weiteres konserviert zu werden. Aber auch die Innovations- und Imitationsfälle sind von solchen Persistenzen früherer DDR-Staatlichkeit durchsetzt. Selbst die hochinnovative Umweltverwaltung in Sachsen muß die Regierungspräsidien als Nachfolger der früheren DDR-Bezirksverwaltungen wie einen Fremdkörper verdauen. Und die Tatsache, daß es in Sachsen ein Landesamt für Umwelt *und Geologie* gibt, ist auf die geowissenschaftliche Tradition in Sachsen (die freilich ins Kaiserreich zurückreicht) mit der Bergakademie Freiberg als akademischem Mittelpunkt zurückzuführen. In der brandenburgischen Umweltverwaltung wiederum bewirkte die personelle Persistenz der DDR-Wasserwirtschaftdirektionen eine nach Effizienzkriterien kaum nachvollziehbare Auffächerung des Landesumweltamtes in die Außenstellen in Cottbus, Frankfurt/Oder und Potsdam mit jeweils funktionaler Zuständigkeit für das gesamte Landesgebiet.

Die Chance für verwaltungspolitische Innovationen war offenbar dort am größten, wo sich westdeutscher Sachverstand auf der Ebene der Bürokratie mit sachkundiger und entschlossener Leitung durch autochthone ostdeutsche Politiker verbunden hat (vgl. Kapitel 5). Hier sind die typischen Beispiele die Kreisreform in Brandenburg und, wenigstens nach dem Wechsel zum Minister Vaatz, der Aufbau der Umweltverwaltung in Sachsen. In beiden Fällen waren die Bürokraten und die Politiker jeweils auf ihre Weise reformorientiert. Die Bürokraten wollten zeigen, daß man aus den Fehlern im Westen gelernt hatte. Die Politiker hatten einen klaren Blick für die administrative Dimension der Machtverhältnisse im alten Staatsapparat, mit denen sie brechen wollten.

Weniger günstig für die Durchsetzung von Innovationen war offenbar die Paarung von innovativen westdeutschen Beratern und Leihbeamten und desinteressierten oder auch inkompetenten ostdeutschen Politikern auf der einen Seite und unerfahrenen westdeutschen Politikern an der Spitze ostdeutscher Ministerien oder Regierungen andererseits. Dieses Schicksal bekamen die Beamten im brandenburgischen Umweltministerium zu spüren, wobei freilich fraglich bleibt, ob selbst ein verwaltungspolitisch stärker engagierter Minister die auf medien-übergreifende staatliche Sonderbehörden zielenden Vorstellungen seiner Ministerialbürokratie in einer ansonsten strikt auf die Vermeidung von Sonderbehördenlösungen festgelegten Landesregierung hätte durchsetzen können. Dagegen hätten die beiden mit der Kreisreform befaßten sächsischen Innenminister den Reformkonzepten ihrer Beamten sicher zu erheblich mehr Erfolg verhelfen können, wenn sie die Notwendigkeit hierzu nur rechtzeitig erkannt und die erforderlichen Auseinandersetzungen namentlich mit den Landräten in der eigenen Regierungsfraktion nur entschlossen angegangen wären. Der aus Westdeutschland stammende Ministerpräsident wiederum hatte das Selbstbewußtsein der opponierenden Landräte noch gestärkt, indem er die Konsensfindung der dezentralen Gewalten zur verwaltungspolitischen Leitidee der Staatsregierung erklärte.

Weder im Fall der brandenburgischen Umweltverwaltung noch im Fall der Kreisreform in Sachsen waren die Ergebnisse der letztlich fehlgeschlagenen Innovationsversuche gravierend, wenn man sie mit dem Verwaltungsstandard im Westen vergleicht. Hier wurde nicht mehr, aber auch nicht weniger zustande gebracht, als die Wiederholung altbekannter verwaltungspolitischer 'Sünden', etwa, wie in Sachsen, das Zusammenfügen inhomogener Kreisgrößen, die Verlegung von Kreissitzen in kreisfreie Städte und, wie im Fall Leipzig, die Belassung eines Kragenkreises um eine Großstadt mit mehr als einer halben Million Einwohner. Brandenburg hat nun eben nicht die effiziente Vollzugsorganisation im Bereich der Umweltverwaltung, wie es sie nach dem Willen der Fachbeamten und sonstigen Experten hätte haben können und sollen. Ansonsten aber ist die auf mittlere Sicht geplante vollständige Eingliederung der unteren Umweltschutzbehörden in die allgemeine Verwaltung mit den ergänzenden Ämtern für Immissionsschutz als technische Sonderbehörden und den Wasserwirtschaftsämtern als Außenstellen des Landesumweltamtes das im Westen Deutschlands dominierende Modell.

Die überall anzutreffenden Persistenzen von DDR-Staatlichkeit in der ostdeutschen Verwaltung sind zum einen gemessen am westdeutschen Verfassungs- und Verwaltungsstandard von ganz unterschiedlicher Tragweite, und augenscheinlich sind sie auch das Produkt ganz unterschiedlicher Entscheidungsprozesse. Bei der Belassung der Bezirksverwaltungsstrukturen in Sachsen und deren Umformung in Regierungspräsidien ebenso wie bei der Umformung der früheren Wasserwirtschaftsdirektionen in Brandenburg zu "Wasserwirtschaftsämtern" als Außenstellen des Landesumweltamtes handelt es sich um bewußt in Kauf genommene Residuen der früheren DDR-Strukturen. An diesen Residuen haben sich zwar intensive, zuweilen heftige verwaltungspolitische Diskussionen entzündet. Daß hier die Übertragung westdeutscher Verfassungs- und Verwaltungsstandards grundsätzlich in Frage gestellt würde, wird jedoch kaum ernsthaft behauptet werden können. Schon gar nicht kann dies mit Blick auf die Fortexistenz der grundsoliden und unpolitischen Geowissenschaften in Sachsen in Form einer besonderen Abteilung im Landesamt für Umwelt und Geologie gesagt werden, wie immer diese auch unter dem SED-Regime gehegt und gepflegt worden sein mag.

Dies verhielt sich völlig anders bei der faktischen Fortexistenz der Treuhandanstalt und der mit ihr fortlebenden Strukturen der früheren DDR-Wirtschaftsverwaltung. Nachdem das Auflösungskonzept von Treuhand-Spitze und Bonner Ministerialbürokratie im Frühjahr 1994 zu Fall gebracht worden war, mußte die seit dem 1.1.1995 bestehende Nachfolgeinstitution "Bundesanstalt für vereinigungsbedingte Sonderaufgaben" (BVS) zu einer Bundesbehörde mutieren, die mit dem föderativen Geist und im Zweifelsfall auch mit den die Landeskompetenzen schützenden Buchstaben des Grundgesetzes unvereinbar bleibt. Im Bereich des Vertragsmanagements, der hoheitlichen Aufgaben und insbesondere bei der Verwaltung und Verwertung von Grund und Boden greift die Bundesbehörde BVS ebenso wie zuvor die Treuhandanstalt (deren Aufgabenbestand sie entgegen anderslautender Legenden weitgehend übernommen hat) fortgesetzt in die Kompetenzen der ostdeutschen Länder und ihrer Gemeinden ein. Hier handelt es sich indes nicht um bewußt in Kauf genommene, sondern um geradezu vorsätzlich ignorierte Persistenzen des DDR-Systems. Durch die spontane Initiative ostdeutscher Parlamentarier war das gut durchdachte Auflösungskonzept im Herbst 1993 aus dem Gleichgewicht gebracht worden, und weder die Fraktionsspitzen der Bonner Koalitionsregierung noch die oberen und obersten Leitungspersonen im Bundeskanzleramt haben es für erforderlich erachtet, die Konsistenz der Auflösungsplanungen wiederherzustellen. Da bekanntlich nicht sein kann, was nicht sein darf, werden wir auch in Zukunft mit dem hartnäckigen Leugnen dieses verwaltungspolitischen Kardinalfehlers zu rechnen haben. Die ostdeutschen Länder und Kommunen aber müssen mit seinen alltäglichen Konsequenzen zurechtkommen.

Die Kombination aus Innovationen, Imitationen und Persistenzen bedeutet nichts anderes, als daß die Verwaltung im Osten sich von ihrem westdeutschen Gegenstück dauerhaft unterscheiden wird. Dem sächsischen Ministerpräsidien ist der Hinweis zu verdanken, daß es sich bei diesen west-ost-deutschen Ungleichheiten nicht um etwas Anormales, sondern vielmehr um die Rückkehr zu einem deutschen Normalzustand handelt (Biedenkopf 1995). Die West-Ost-Disparitäten haben in Deutschland Tradition, und nur die westdeutsche Bundesrepublik konnte die Illusion erzeugen, damit sei es ein für alle Mal vorbei. Die Wiedervereinigung hat also die Normalität wiederhergestellt, auch in verwaltungspolitischer und verwaltungsorganisatorischer Hinsicht.

Die Verwaltung im Osten hat seit 1990, wenn auch mitunter auf gleichsam brutal erzwungene Weise, ein Innovationspotential unter Beweis gestellt, von dem unter den konsolidierten Verhältnissen und Besitzständen im Westen keine Rede sein kann. Die Erfahrung, daß erhebliche, ja geradezu umstürzende Veränderungen sich bei allen dabei anfallenden sozialen Verwerfungen und psychischen Kosten auf friedliche, den sozialen und politischen Frieden zu keinem Zeitpunkt ernsthaft in Frage stellende Weise vollziehen können, wird mutmaßlich auch für die Angehörigen der öffentlichen Verwaltung in Ostdeutschland auf Dauer prägend bleiben.

Andererseits, auch darüber sollte es keine Illusionen geben, wird das Erbe Osteuropas und vor allem des Sowjetsystems in Ostdeutschland noch lange spürbar bleiben. Das gilt auch für den Staat und seine Verwaltungen. Die Beseitigung des Besitzbürgertums und die Zerschlagung des gewerblichen Mittelstandes in der DDR bleibt eine Tragödie, weil mit allen staatlichen Kompensationsversuchen die Beziehungen zwischen Staat und Wirtschaft zwangsläufig staatszentrierter, also sozusagen DDR-mäßiger bleiben als im Westen Deutschlands, der bei allen dramatischen Umbrüchen nach 1933 und 1945 von den soziologischen Kahlschlägen nach sowjetischem Muster verschont blieb. Auch die mitunter lästige, ja verfassungspolitisch nicht unbedenkliche solide Einbettung der westdeutschen öffentlichen Verwaltung in lebendige Vereins- und Verbandsstrukturen wird der ostdeutschen Verwaltung namentlich auf lokaler Ebene noch auf lange Zeit abgehen. Im wirtschaftlichen wie im staatlichen Bereich wird sich das System eines wohlwollenden westlichen Kolonialismus nur schrittweise abbauen lassen. Wer den geringen Einfluß Ostdeutscher in Bundestag und Bundesregierung zur Kenntnis nimmt, wer sich vor Augen hält, daß vom Besitz der Treuhandanstalt ganze sechs Prozent in ostdeutsche Hände gegangen ist, dem wird dämmern, wie weit die ostdeutschen Verwaltungsverhältnisse noch von einer soliden Verankerung in eine Gesellschaft selbstbewußter Wirtschafts- und Staatsbürger entfernt sind.

Anhang

Anhang

Inhaltsanalytischer Vergleich der verwaltungspolitischen Orientierungen in Sachsen und Brandenburg

von Stephanie Reulen

Mit Hilfe einer quantitativen Inhaltsanalyse von einschlägigen Parlamentsdebatten zur Gemeinde-, Kreisgebiets- und Funktionalreform haben wir die politisch-ideologischen Deutungsmuster von verwaltungspolitischen Akteuren in Sachsen und Brandenburg bei den betreffenden Reformmaßnahmen erfaßt. Anzumerken ist an dieser Stelle, daß die Auswertung von Plenarprotokollen insofern eine Einschränkung bedeutet, als sich damit die quantitative Inhaltsanalyse lediglich auf die Akteure der Regierung, der Regierungsfraktion und der Oppositionsfraktion beschränkt, während die Expertengruppen innerhalb und außerhalb der Ministerialbürokratie, die in beiden Ländern maßgebend die Reformprozesse mitgestalteten, ausgegrenzt werden.

Der Untersuchung lag die Generalhypothese zugrunde, daß die verwaltungspolitischen Gestaltungsprozesse in den beiden Vergleichsländern von unterschiedlichen Deutungsmustern geprägt wurden: Während in Brandenburg offenbar eher "verwaltungstechnische" Gesichtspunkte eine Rolle spielten, waren in Sachsen mutmaßlich politisch-integrative Aspekte von Bedeutung. Diese Annahme basierte auf einer qualitativen Untersuchung, bei der sich in den beiden Vergleichsländern trotz ähnlicher Problemausprägungen erhebliche Unterschiede in den Strategien und Lösungen für die betreffenden Reformmaßnahmen feststellen ließen. Während die qualitative Untersuchung von verwaltungspolitischen Gestaltungsprozessen also die tatsächlichen Handlungsabläufe zu erfassen mochte, konzentrierte sich die quantitative Untersuchung lediglich auf die kommunikativen Bestandteile der Genetik und Neurologie (Seibel 1994: 27) der verwaltungspolitischen Gestaltungsprozesse.

Als aussagekräftiger Indikator für eine inhaltsanalytische Untersuchung der politisch-ideologischen Deutungsmuster wurden Begründungs- und Rechtfertigungsmuster politischer Akteure für verwaltungsorganisatorische Lösungen bestimmt. Diese Legitimationsmuster sind - wie bereits angedeutet - bei verwaltungspolitischen Gestaltungsprozessen grundsätzlich zweidimensional. Zum einen geht es um technokratische und zum anderen um politisch-integrative Werte. Die Redebeiträge wurden folglich danach codiert, ob die Redner eher die technisch-administrative oder die politisch-demokratische Funktion verwaltungspolitischer Maßnahmen hervorgehoben haben. Beispiele für die technisch-administrative Funktion wären etwa Hinweise auf Maßstäbe der Effektivität bzw. Leistungsfähigkeit der Verwaltung, der Wirtschaftlichkeit oder auch der strukurpolitischen Ausgleichswirkung. Beispiele für die Betonung der politisch-integrativen Funkion sind Hinweise auf die erforderliche Akzeptanz bei den Bürgern, Demokratisierung der Verwaltung oder die Berücksichtigung des Zusammengehörigkeitsgefühls der Bürger bzw. der regionalen und lokalen Identitäten und allgemeine Hinweise auf den Wert der neugewonnenen kommunalen Selbstverwaltung. Allerdings gibt es durchaus auch einzelne verwaltungspolitische Maßstäbe, die beiden Dimensionen zuzurechnen sind und damit im Rahmen der Codierung als Doppelmaßstäbe einer dritten Kategorie zugeordnet wurden. So hat beispielsweise der Aspekt der Bürgernähe eine demokratische Komponente im Hinblick auf die Partizipationsmöglichkeiten der Bevölkerung; er kann jedoch aus der Sicht des Bürgers auch die konkrete Leistungsfähigkeit betreffen. Gleiches gilt für den Aspekt einer Dezentralisierung der Verwaltung, der ohne weitere Konkretisierungen sowohl eine technokratisch-administrative Funktion der Verwaltung im Sinne einer damit verbundenen Kostenersparnis implizieren kann, als auch die politisch-demokratische Funktion von Verwaltung im Sinne einer Kontrolle durch die bzw. Partizipation der Bürger. Als valide Codierungsgrundlage für die Inhaltsanalyse wurden daher insgesamt folgende Kategorien zugrundegelegt:

1. Technokratische Funktion

1.1. Effektivität/Leistungsfähigkeit: z.B. optimale Verwaltungskraft, Leistungsfähigkeit der Kreise, Mindesteinwohnerzahl, optimale Leistungskraft, ehrenamtliche Verwaltung von Kleingemeinden

1.2. Wirtschaftlichkeit: z.B. größere Verwaltungseinheiten sind wirtschaftlicher, Sparsamkeit, Kosteneinsparung

1.3. Struktureller Ausgleich: Ausgleichsmöglichkeit innerhalb der Kreise, Ausgleichsfunktion

2. Politisch-Integrative Funktion

2.1. Zusammengehörigkeitsgefühl: z.B. geschichtlich gewachsene Bindungen, Gefühl der Zusammengehörigkeit und Verbundenheit

2.2. Kommunale Selbstverwaltung im Sinne von Partizipation: Partizipation, Demokratisierung der Verwaltung, Beteiligung der Bürger an der Verwaltung

2.3 Akzeptanz der Betroffenen: Freiwilligkeit, Akzeptanz der Bürger, Akzeptanz der Kreise und Gemeinden, demokratischer Prozeß

3. Doppelmaßstäbe bzw. doppeldeutige Maßstäbe

3.1 Bürgernähe: z.B. Bürgernähe, Erreichbarkeit, zumutbare Entfernung zum Verwaltungssitz

3.2 Dezentralisation: Dezentralisierung

3.3. Überschaubarkeit und Übersichtlichkeit

In bezug auf die Entscheidung Parlamentsdebatten auszuwerten, wurden einzelne Redebeiträge als Analyseeinheit festgelegt. Das heißt, einzelne Redebeiträge wurden systematisch Äußerung für Äußerung danach überprüft, ob eine der oben genannten Kategorien zutrifft. Für die Messung der verwaltungspolitischen Deutungsmuster bot sich dann ein proportionales Meßverfahren an. Pro Redebeitrag wurde daher der Prozentsatz der Äußerung einer Kategorie ermittelt. Der Durchschnittswert eines Landes zeigt dann an, welche Kategorie in einem Land besonders in den Vordergrund gerückt wird. Mit diesem proportionalen Meßverfahren wurde vermieden, daß z.B ein Akteur A, der aufgrund seiner weitschweifigen Ausführungen verwaltungsorganisatorische Lösungen zehnmal mit "Demokratie-" und zehnmal mit "Administrationsaspekten" begründet als "demokratischer" und "effizienter" eingeordnet wird, als ein Akteur B, der kurz und präzisse sowohl einmal den "Demokratie-" als auch den "Effizienzaspekt" hervorhebt.

Die Auswertung erfolgte im Rahmen einer Varianzanalyse[1] von 484 Redebeiträgen mit insgesamt 1893 codierbaren Begründungen. Der Untersuchungszeitraum beginnt im November 1990 und endet im Dezember 1993. Damit wurden alle Debatten zur Kreisgebiets- und Gemeindereform in Sachsen und Brandenburg erfaßt. Weiterführende Regelungen z.B. zum Sonderstatus kreisangehöriger Städte wurden jedoch nicht miteinbezogen.

---

[1] In einer Varianzanalyse indizieren unterschiedliche Durchschnittswerte der abhängigen Variable (in diesem Fall das "verwaltungspolitische Klima") in den Kategorien der unabhängigen Variable (z.B. Sachsen/ Brandenburg) das Vorhandensein einer Beziehung. "Eta 2" indiziert, wieviel der Varianz in der abhängigen Variable durch die unabhängige Variable erklärt werden kann. Dies bedeutet, daß damit die Stärke der Beziehung zwischen den Variablen gemessen wird.

Die aggregierten Länderdaten unterstützten - wie in Tabelle 1 ersichtlich (vgl. auch Grafik 1) - in der Tat die These, daß in Sachsen offenbar demokratisch-integrative Orientierungen für die verwaltungspolitischen

Tab. 1: Verwaltungspolitische Orientierungen in Sachen und Brandenburg - Prozentwerte auf der Anzahl der Fälle basierend

	technische Funktion	politische Funktion
Sachsen	30%	60%
Brandenburg	44%	45%

Anmerkung: Für Sachsen beträgt N = 213, für Brandenburg N = 271.

Grafik 1: Verwaltungspolitische Orientierungen in Sachsen und Brandenburg

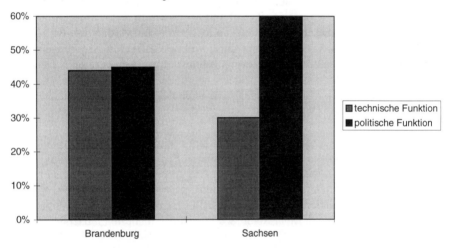

Entscheidungen wesentlich stärker handlungsleitend (60%) sind als in Brandenburg (45%). Umgekehrt wurde in Brandenburg die technokratische Funktion von Verwaltung weitaus stärker betont (Brandenburg: 44%; Sachsen: 30%). Die Auswertung der Parlamentsdebatten ergab zudem, daß in Brandenburg im Durchschnitt sowohl politisch-demokratische als auch technokratische Aspekte gleichermaßen angesprochen wurden, während in Sachsen die politisch-demokratische Funktion von Verwaltung deutlich stärker in den Vordergrund gerückt wurde.

Diese Ergebnisse werden durch eine Detailanalyse untermauert, die - wie in Tabelle 2 und Grafik 2 dargestellt - eine stärkere Betonung aller Einzelaspekte der politisch-demokratischen Funktion in Sachsen nach-

Tab. 2 Verwaltungspolitische Orientierungen in Sachsen und Brandenburg – absolute Häufigkeit und Prozentwerte auf der Anzahl der Äußerungen basierend

		Sachsen	Brandenburg
technische Funktion	Effektivität/Leistungsfähigkeit	16,4% (117)	24,6% (290)
	Wirtschaftlichkeit	4,6% (33)	8,8% (104)
	Struktureller Ausgleich	8,3% (59)	10,5% (124)
politische Funktion	Akzeptanz der Betroffenen	28,2% (201)	24,9% (294)
	Zusammengehörigkeitsgefühl	7,3% (52)	3,1% (37)
	Kommunale Selbstverwaltung	21,7% (155)	14% (165)
Doppelmaßstab	Abgrenzung nach Planungsräumen	5,9% (42)	4,4% (52)
	Bürgernähe/ Erreichbarkeit	5,0% (36)	6,2% (73)
	Überschaubarkeit	1,4% (10)	0,7% (8)
	Dezentralisierung	0,1% (1)	1,8% (32)
	Sonstiges	0,9% (7)	0,6% (1)

Anmerkungen: Für Sachsen beträgt N = 713, für Brandenburg N = 1180

Grafik 2: Verwaltungspolitische Orientierungen in Sachsen und Brandenburg

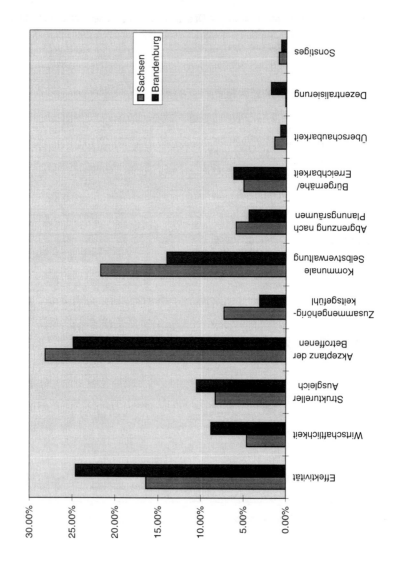

weist. So wurden dort sowohl Aspekte der Zusammengehörigkeit der Bevölkerung (historisch gewachsener Kulturraum, landsmannschaftliche Gegebenheiten, lokale und regionale Identität), als auch das Kriterium der kommunalen Selbstverwaltung im Sinne einer demokratischen Partizipation (Mitgestaltung der Bürger am Gemeinwesen, Stärkung des Handlungsspielraums der Städte und Gemeinden) und letztlich das Kriterium der generellen Akzeptanz der Betroffenen (keinerlei Zwangseingemeindungen, Bevölkerungswille) stärker betont. Demgegenüber wurden in Brandenburg auch auf alle Einzelkriterien der technokratischen Funktion der Verwaltung wie Effizienz, Effektivität sowie struktureller Ausgleich ein stärkeres Gewicht gelegt. Dieses sehr konsistente Muster wird erst bei den Indikatoren der Kategorie doppeldeutiger Maßstäbe durchbrochen. Hier zeigt sich unter anderem, daß im brandenburgischen Fall die Betonung der Bürgernähe in Zusammenhang mit der Dezentralisierung zu sehen ist und daher nicht notwendigerweise als kommunalfreundliche Handlungsorientierung interpretiert werden kann. Unter anderem aus diesen Ambivalenzgründen wird sich die weitere Untersuchung mit den Einflußfaktoren auf die ersten beiden Funktionen der Verwaltung befassen.

Die Betrachtung der einzelnen unabhängigen Variablen erlaubt eine weiterführende Interpretation der oben genannten Ergebnisse (vgl. Tabelle 3). Die Auswertung der Inhaltsanalyse ergab, daß außer der Variable "Zeit" alle Variablen (Land, Partei, Regierung/Regierungsfraktion/Opposition und Thema) einen statistisch signifikanten Einfluß auf die Betonung

Tab. 3: Einfluß der einzelnen unabhängigen Variablen verwaltungspolitische Orientierungen (in Varianzen [eta^2])

Variablen	technische Funktion	politisch-integrative Funktion
Land	0,004	0,007*
Regierung/ Opposition	0,010*	0,012*
Thema	0,031**	0,003
Partei	0,038**	0,035**
Zeit	0,004	0,001

Anmerkung: Mit * versehene Varianzen weisen ein Signifikanzniveau von F<0,05 Varianzen mit ** einen Signifikanzwert von F<0,01 auf. Für Sachsen beträgt N = 213, für Brandenburg N = 271.

zumindest eines der zentralen Aspekte aufweisen. Das heißt, die Wahrscheinlichkeit einer "rein zufälligen Beziehung" zwischen den unabhängigen Variablen (Land, Partei, Regierung/Regierungsfraktion/Opposition und Thema) ist zumindest statistisch gering. Den konsistentesten und bei weitem stärksten Einfluß auf die Wahl eines Begründungs- bzw. Rechtfertigungsmusters übt die Variable "Partei" aus. Sie erklärt eine Varianz von immerhin 3,8% bzw. 3,5% und damit mehr als zweimal soviel wie die Variable Regierung/Opposition mit ca 1%.

Angesichts dieses Ergebnisses scheint eine eingehendere Analyse der Variable "Partei" angebracht, die in Tabelle 4 (vgl. auch Grafik 3 und 4) präsentiert wird. Bei einer Betrachtung der ideologischen Orientierung der

Tab. 4: Verwaltungspolitische Orientierungen einzelner Parteien in Sachsen und Brandenburg – absolute Häufigkeit und Prozentwerte auf der Anzahl der Fälle basierend

Land	Verwaltgs.-funktion	Fraktion				
		CDU	SPD	FDP	PDS	B 90
Sachsen	*techn.* Funktion	43% (72)	35% (43)	21% (18)	20% (48)	12% (31)
	pol.-dem. Funktion	45% (72)	58% (43)	69% (6)	71% (48)	81% (31)
Brandenburg	*techn.* Funktion	44% (58)	51% (109)	50% (24)	27% (42)	36% (33)
	pol.-dem. Funktion	41% (58)	39% (109)	37% (24)	66% (42)	49% (33)

Anmerkung: Für Sachsen beträgt N = 212, für Brandenburg N = 266

Parteien läßt sich - salopp ausgedrückt - wenig überraschend feststellen: Je weiter links, desto demokratischer; je weiter rechts, desto effizienter. Näher ausführen und diskutieren ließe sich dabei die ideologische Umorientierung der SED-Nachfolgepartei PDS, die, nimmt man ihre Landtagsabgeordneten beim Wort, besonders auf die politisch- demokratische Funktion von Verwaltungsstrukturen abstellt. In Sachsen äußert sich lediglich das aus der Bürgerbewegung entstandene Bündnis 90 demokratieorientier-

Grafik 3: Technokratische Orientierungen der Parteien in Sachsen und Brandenburg

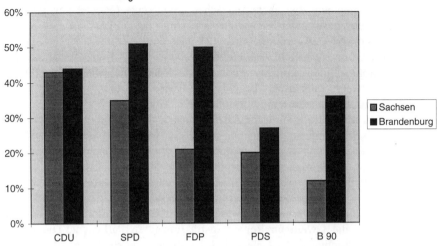

Grafik 4: Politisch-integrative Orientierungen der Parteien in Sachsen und Brandenburg

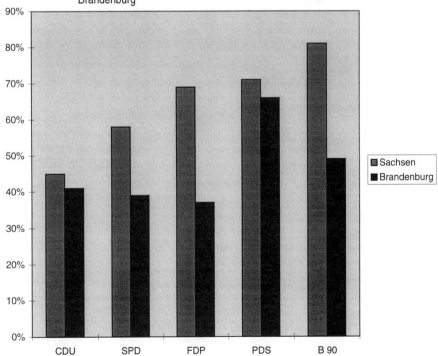

ter, während in Brandenburg die PDS selbst diese Partei übertrumpft. In Tabelle 4 ist ersichtlich, daß sich für die Variable "Partei" der tendenzielle Zusammenhang zwischen politischer links-rechts Orientierung und der Betonung bestimmter Verwaltungsaspekte in beiden Ländern gleichermaßen vorfindet. Allerdings wird auch hier deutlich, daß alle sächsischen Parteien im Vergleich zu ihren brandenburgischen Parteifreunden, stärker die politisch-demokratische Funktion von Verwaltung hervorheben. Damit untermauert auch dieses Ergebnis die These, daß die verwaltungspolitischen Deutungsmuster landesspezifisch variieren, wobei in Sachsen offenbar integrationspolitische Aspekte eine deutlich stärkere Rolle spielen.

Als weitere Kausalbeziehung wurde der, wenn auch weniger starke, so doch ebenso konsistente Zusammenhang zwischen Regierungs- und Oppositionsangehörigkeit festgestellt. Tabelle 5 (vgl. auch Grafik 5 und 6) schlüsselt damit verbundene Orientierungen genauer auf. Dabei wird ersichtlich, daß in beiden Ländern, die Regierungsmitglieder generell stärker verwaltungspolitische Entscheidungen mit Effizienzargumenten begründen als die jeweiligen Regierungsfraktionen im Parlament. Die Regierungsfraktionen im Parlament sind wiederum generell stärker effizienzorientiert als die Oppositionsfraktionen. Des weiteren wird deutlich, daß beide Regierungen, im Gegensatz zu den Regierungs- und Oppositionsfraktionen, generell die Ideen der Leistungsfähigkeit der kommunalen Gebietskörperschaften (Sachsen: 50%; Brandenburg: 49%) gegenüber integrativen Gesichtspunkten in den Vordergrund (Sachsen: 32%; Brandenburg: 43%) stellten.

Tab. 5: Verwaltungspolitische Orientierungen der Regierung, der Regierungsfraktion und der Oppositionsfraktion in Sachsen und Brandenburg – absolute Häufigkeit und Prozentwerte auf der Anzahl der Fälle basierend

	technische Funktion		politische Funktion	
	Sachsen	Brandenburg	Sachsen	Brandenburg
Regierung	50% (12)	49% (41)	32% (12)	43% (41)
Regierungsfraktion	42% (60)	48% (130)	47% (60)	41% (130)
Oppositionsfraktion	23% (141)	37% (100)	68% (141)	51% (100)

Anmerkung: Für Sachsen beträgt N = 213, für Brandenburg N = 271.

Grafik 5: Technokratische Orientierungen der Regierungen, Regierungsfraktionen und Oppositionsfraktionen

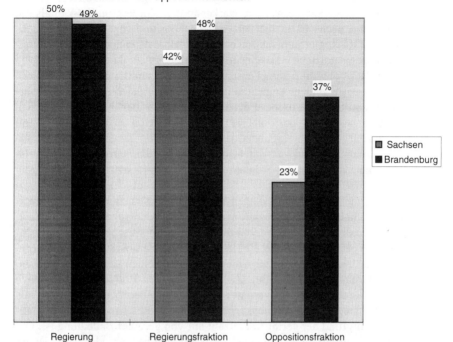

Grafik 6: Politisch-integrative Orientierungen der Regierungen, Regierungsfraktionen und Oppositionsfraktionen

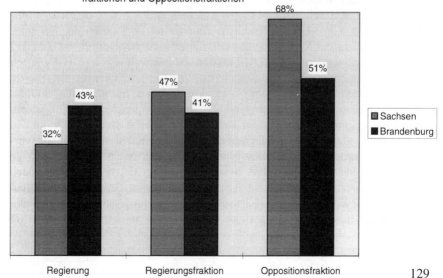

Diese generellen Tendenzen sind allerdings länderspezifisch zu gewichten. So rückt sogar die sächsische CDU-Regierungsfraktion die demokratische Funktion von Verwaltung stärker in den Vordergrund (44%) als die brandenburgische CDU, die dort in der Opposition sitzt (41%). Die sächsische CDU-Regierungsfraktion erscheint selbst dann noch stärker verwaltungsorganisatorische Lösungsmuster mit "demokratisch-integrativen Aspekten" zu legitimieren (47%), wenn man sie mit der gesamten in Brandenburg bestehenden Ampelkoalition (41%) vergleicht. Umgekehrt werden verwaltungspolitische Entscheidungen von der brandenburgischen Regierungs- und Oppositionsfraktion im Vergleich zu Sachsen eher mit Effizienzargumenten begründet.

Zusammenfassend läßt sich also auch beim quantitativen Vergleich der Legitimationsmuster der Parteien in den beiden Ländern die Feststellung treffen, daß Sachsen stärker als Brandenburg auf den Integrationswert verwaltungspolitischer Lösungen abhebt. Eine Ausnahme hiervon scheinen lediglich die Landesregierungen zu sein, da entgegen dem oben festgestellten demokratieorientierteren verwaltungspolitischen Klima in Sachsen, die brandenburgische Regierung stärker demokratieorientiert argumentiert. In ihrer Effizienzorientierung unterscheiden sich die beiden Landesregierungen jedoch kaum. Zieht man auch in Betracht, daß lediglich 6% der Redebeiträge (insgesamt nur zwölf Redebeiträge) in Sachsen von der Staatsregierung stammen, relativiert sich dieses Ergebnis, da es statistisch, aufgrund der geringen Fallzahl nur von geringer Bedeutung ist. Das Ergebnis verliert zudem an Gewicht, wenn man bedenkt, daß sich - so das Resultat der qualitativen Untersuchung - in Brandenburg die Experten innerhalb der Ministerialbürokratie und der Landesregierung zu den dominanten, d.h. durchsetzungsfähigen Akteuren entwickelten, in Sachsen hingegen die CDU-Landtagsfraktion. Damit sind in Sachsen die Orientierungsmuster der Staatsregierungsmitglieder auch weniger relevant, da weniger sie, sondern die CDU-Fraktion die verwaltungsorganisatorischen Lösungen maßgeblich bestimmten. Ein Vergleich der Orientierungsmuster der dominanten Akteure der brandenburgischen Landesregierung und der sächsischen CDU-Regierungsfraktion unterstützt wiederum die allgemein festgestellte Tendenz, daß in Brandenburg eher technokratische und in Sachsen eher politisch-integrative Handlungsorientierungen für die verwaltungspolitischen Gestaltungsprozesse maßgebend waren. Die geringe Beteiligung der sächsischen Staatsregierung in den Plenardiskussionen untermauert vielmehr auch das in der qualitativen Untersuchung festgestellte Ergebnis, daß die sächsische Staatsregierung den Reformmaßnahmen offenbar nur eine geringe Aufmerksamkeit entgegen brachte (in

Brandenburg stammen immerhin 15% der Redebeiträge von Mitgliedern der Landesregierung).

Nachdem gezeigt wurde, daß sich auch bei der Variable Partei, die den stärksten Einfluß auf die Wahl von Rechtfertigungsmustern ausübt, landesspezifische Unterschiede festmachen ließen, wobei in Sachsen alle Parteien, der These entsprechend, im Vergleich zu ihren brandenburgischen Partnern politisch-demokratische Aspekte in den Vordergrund rückten, sollen im folgenden noch kurz die Ergebnisse zur Variable Thema und Zeit aufgezeigt werden, auch wenn diese nicht zu statistisch signifikanten Ergebnissen geführt haben.

Bei der Variable Thema fällt auf (vgl. Tabelle 6), daß Fragen zur Verwaltungsorganisation (Beibehaltung der Mittelinstanz) und Funktionalreform sowie der Gemeindereform verstärkt unter Effizienzgesichtspunkten behandelt wurden. Umgekehrt ließ sich bei den Themen Gemeinde- und

Tab. 6: Verwaltungspolitische Orientierungen in Sachsen und Brandenburg nach Themenbereichen – absolute Häufigkeit und Prozentwerte auf der Anzahl der Fälle basierend

Thema	technische Funktion		politische Funktion	
	Sachsen	Brandenburg	Sachsen	Brandenburg
Gem. Ord.	30% (40)	–	70% (40)	–
Krs. Ord.	10% (28)	–	87% (28)	–
Gem. Krs.Ord.	67% (2)	36% (42)	4% (2)	62% (42)
Gem. Gebts.	39% (13)	38% (31)	59% (13)	54% (31)
Krs. Gebts.	31% (122)	42% (115)	55% (122)	47% (115)
Gem. Krs. Gebts.	–	52% (30)	–	34% (30)
Mittelinstanz	52% (8)	49% (47)	20% (8)	30% (47)
Funk. Ref.	–	70% (6)	–	2,2% (6)

Anmerkung: Für Sachsen beträgt N = 213, für Brandenburg N = 271.

Landkreisordnung und Kreisgebietsreform eine politische Semantik feststellen, die mit Begriffen von "politischer Identität" und "demokratischer Partizipation" angereichert war, was als Ausdruck "symbolischer Politik"verstanden werden kann.

Weiterhin ist es als bezeichnend zu betrachten, daß während des Analysezeitraums in Sachsen wesentlich mehr über Themen diskutiert wurde, die generell eher eine integrative Konnotation hatten (in Brandenburg lagen zum Analysezeitpunkt noch keine Plenarprotokolle zur Gemeinde- und Landkreisordnung vor). Umgekehrt wurde in Brandenburg wesentlich mehr über jene Themen debattiert, bei denen technische Aspekte im Vordergrund standen (zum Analysezeitpunkt lag in Sachsen noch keine Debatte über die Funktionalreform vor).

Die Frage ob Brandeburg lediglich "effizienz"-bezogener erscheint, weil hier mehr über "Effizienz"-Themen diskutiert wurde, kann allerdings verneint werden. So zeigt sich auch bei den Reformthemen, die in beiden Ländern gleichermaßen (auch quantitativ) auf der Tagesordnung standen, wie die Kreisgebiets- und Gemeindereform, daß in Sachsen die politischen Aspekte der Verwaltung höher bewertet wurden. Lediglich bei den Themen im Zusammenhang mit der Mittelinstanz erscheint Brandenburg wesentlich demokratieorientierter (30%) als Sachsen (20%). Aber auch hier fällt auf, daß beide Länder "Effizienzaspekte" zumindest gleich gewichten. Betrachtet man die Debatten, die ausschließlich die Gemeindereform (Artikelgesetz über kommunalrechtliche Vorschriften in Brandenburg, sächsisches Gesetz über kommunale Zusammenarbeit) zum Inhalt hatten, so wurde der technische Aspekt der Verwaltung in beiden Ländern gleichermaßen gewichtet (Sachsen: 39%; Brandenburg 38%). Allerdings wurde die politische Funktion in Sachsen wiederum wesentlich stärker betont (57%) als in Brandenburg (47%). In diesem Zusammenhang sind jedoch die brandenburgischen Mischdebatten, die sowohl die Ämterbildung als auch die Kreisreform zum Inhalt haben (Zwischenbericht über den Stand und die Probleme bei der Ämterbildung und bei der Vorbereitung der Kreisgebietsreform; Aktuelle Stunde zu den Ergebnissen der Ämterbildung und den Voraussetzungen der Kreisgebietsreform in Brandenburg) und die sich keinem der Themenbereiche eindeutig zuordnen ließen, noch nicht einbezogen worden. Zieht man in Betracht, daß diese Debatten jedoch relativ stark von "Effizienzargumenten" (52% aller Redebeiträge hoben technokratische Aspekte in den Vordergrund, 34% demokratische Aspekte) geprägt waren, wird die Tendenz Brandenburg "effizienzorientiert"/Sachsen "demokratieorientiert" verstärkt. Dieses Argument wird untermauert, wenn man alle Debatten zur Kreis- und Gemeindereform in eine Gesamtbetrachtung einschließt (vgl. Tabelle 7, Grafik 7 und 8). Hier zeigt sich, daß in Sachsen die Diskussionen wesentlich stärker von "Integrationsargumenten" (55%) geprägt waren, als dies in den brandenburgischen Debatten der Fall war (46%).

Tab. 7: Verwaltungspolitische Orientierungen in Sachsen und Brandenburg nach Reformbereichen – absolute Häufigkeit und Prozentwerte auf der Anzahl der Fälle basierend

Thema	technische Funktion		politische Funktion	
	Sachsen	Brandenburg	Sachsen	Brandenburg
Gemeinde-reform	39% (13)	38% (31)	59% (13)	54% (31)
Kreisgebiets-reform	31% (122)	42% (115)	55% (122)	47% (115)
Gem. & Krs. Gebts. (Mischbeitr.)	–	52% (30)	–	34% (30)
Durchschn.-werte	32% (135)	43% (176)	55% (135)	46% (176)

Anmerkung: Für Sachsen beträgt N = 213, für Brandenburg N = 271.

Grafik 7: Technokratische Orientierungen nach Reformbereichen

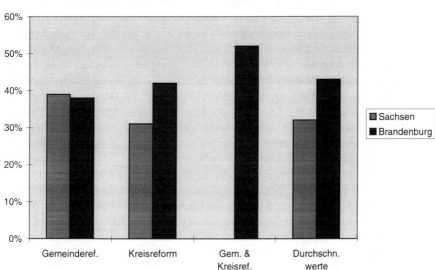

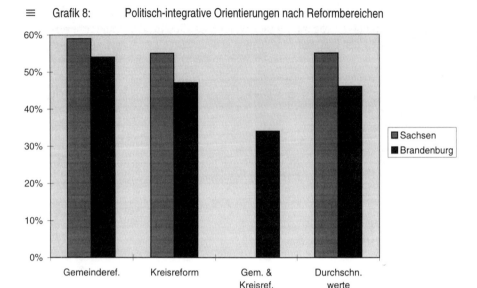

Grafik 8: Politisch-integrative Orientierungen nach Reformbereichen

Abschließend soll die "Zeit" als Variable kurz anhand der Tabelle 8 (vgl. auch Grafik 9 und 10) betrachtet werden. Während des Untersuchungszeitraumes sind gewisse Schwankungen in der Gewichtung der politisch-demokratischen und der technokratischen Funktion von Verwaltung festzustellen. So wurden in beiden Vergleichsländern zu Beginn des Untersuchungszeitraums technokratische Aspekte stärker in den Vordergrund gerückt, während im Zeitablauf zunehmend politisch-integrative Gesichtspunkte betont wurden. Da die Variable Zeit jedoch keinen signifikanten Einfluß hat, sind diese Veränderungen hauptsächlich auf unterschiedliche Diskussionsthemen zurückzuführen. Während zu Beginn des Untersuchungszeitraums die Frage des allgemeinen Verwaltungsaufbaus und der Mittelinstanz auf der Tagesordnung standen - also das Thema, bei dem verwaltungstechnokratische Aspekte von Bedeutung waren - bestimmte beispielsweise 1992 die Kreisgebietsreform die Parlamentsdebatten - sprich ein Thema, das eher mit politisch-demokratischen Argumenten angereichert wurde. Insgesamt zeigt sich aber wiederum, daß in Brandenburg im Vergleich zu Sachsen über den gesamten Analysezeitraum hinweg technokratische Orientierungen für den Reformprozeß handlungsleitend waren. Umgekehrt bestimmten in Sachsen eher politisch-integrative Ideen die verwaltungspolitischen Diskussionen

Tab. 8: Veränderung der Durchschnittswerte von politischen und technokratischen Wertäußerungen – Prozentwerte auf der Anzahl der Fälle basierend

Jahr	politisch-integrative Werte		technische Werte	
	Sachsen	Brandenburg	Sachsen	Brandenburg
1990	–	11%	–	67%
1991	61%	33%	37%	47%
1992	62%	48%	26%	40%
1993	60%	47%	30%	44%

Anmerkung: Für Sachsen beträgt N = 213, für Brandenburg N = 271.

Grafik 9: Politisch-integrative Orientierungen im Zeitverlauf

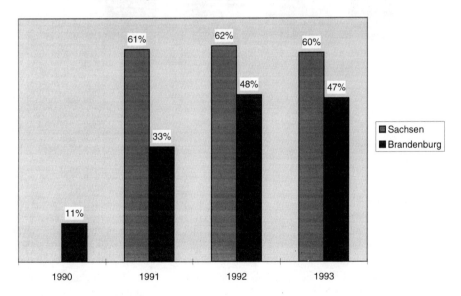

≡ Grafik 10: Technokratische Orientierungen im Zeitverlauf

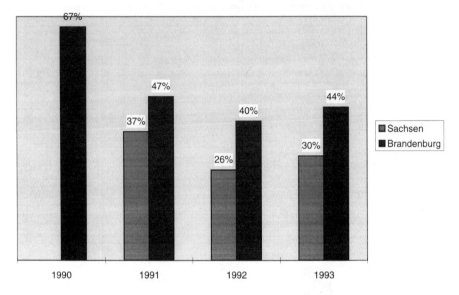

Literatur

Alexander, Jeffrey C. (1993): Soziale Differenzierung und kultureller Wandel. Essays zur neofunktionalistischen Gesellschaftstheorie. Frankfurt/M., New York: Campus.

Berg, Frank/Martin Nagelschmidt (1995): Institutionen, Personal und Handlungspotentiale ostdeutscher Kreise und Kommunen im Transformationsprozeß. Regionale Studien. Manuskript, Humboldt-Universität zu Berlin, Institut für Politikwissenschaft.

Biedenkopf, Kurt (1995): Die Einheit - eine einzigartige Leistung. In: Zeit-Punkte Nr. 5: Vereint, doch nicht eins. Deutschland fünf Jahre nach der Wiedervereinigung: 38-42.

Breuel, Birgit (1995): Irgendwann wird man von Wunder reden. In: Zeit-Punkte Nr. 5: Vereint, doch nicht eins. Deutschland fünf Jahre nach der Wiedervereinigung: 64-66.

Bundesministerium der Finanzen (1994): BMF-Vorlage Nr. 23/94 VIIA2. In: Treuhandanstalt (Hrsg.): Dokumentation 1990-1994. Bd. 15. Berlin: Eigenverlag: 249-257, 290-295.

Cyert, Richard M./James G. March (1995): Eine verhaltenswissenschaftliche Theorie der Unternehmung. 2. Aufl., München: Schäffer-Poeschel (amerik. Orig. 1963).

Czada, Roland (1995): Der Kampf um die Finanzierung der deutschen Einheit. Max-Planck-Institut für Gesellschaftsforschung Köln. Diskussionspapier.

David, Paul (1985): Clio and the Economics of QWERTY. In: American Economic Journal 75: 332-337.

Derlien, Hans-Ulrich/Queis, Dyprand von (1986): Kommunalpolitik im geplanten Wandel. Auswirkungen der Gebietsreform auf das kommunale Entscheidungssystem. Baden-Baden: Nomos.

Derlien, Hans-Ulrich (1993): Integration der Staatsfunktionäre der DDR in das Berufsbeamtentum: Professionalisierung und Säuberung. In: Wolfgang Seibel/Arthur Benz/Heinrich Mäding (Hrsg.): Verwaltungsreform und Verwaltungspolitik im Prozeß der deutschen Einigung. Baden-Baden: Nomos: 190-206.

Deutsch, Karl W. (1966): The Nerves of Government. Models of Political Communication and Control. New York: The Free Press.

Eisen, Andreas (1996): Institutionenbildung im Transformationsprozeß. Der Aufbau der Umweltverwaltung in Sachsen und Brandenburg 1990-1994. Baden-Baden: Nomos.

Esser, Hartmut (1993): Soziologie. Allgemeine Grundlagen. Frankfurt/M., New York: Campus.

Fischer, Wolfram/Harm Schröter (1993): Die Entstehung der Treuhandanstalt. In: Wolfram Fischer/Herbert Hax/Hans Karl Schneider (Hrsg.): Treuhandanstalt. Das Unmögliche wagen. Berlin: Akademie-Verlag: 17-40.

Frenzel, Albrecht (1995): Die Eigendynamik ostdeutscher Kreisgebietsreformen. Eine Untersuchung landesspezifischer Verlaufsmuster in Brandenburg und Sachsen. Baden-Baden: Nomos.

Goerlich, Helmut (1993): Ermessen und unbestimmter Rechtsbegriff. Oder: rechtsstaatliche Funktionszuordnung, Verwaltungskultur und Rechtskontrolle unter besonderer Berücksichtigung der Situation in den neuen Bundesländern. In Wolfgang Seibel/Arthur Benz/Heinrich Mäding (Hrsg.): Verwaltungsreform und Verwaltungspolitik im Prozeß der deutschen Einigung. Baden-Baden: Nomos: 231-256.

Goldstein, Judith/Keohane, Robert O. (1993): Ideas and Foreign Policy: An Analytical Framework. In: dies. (eds.): Ideas and Foreign Policy. Beliefs, Institutions, and Political Change. 1993. Ithaca/London: Cornell University Press: 3-30.

Haas, Peter (1992): Introduction: Epistemic Communities and International Policy Coordination. International Organization 46: 1-35.

Hechter, Michael (1978): Internal Colonialism. The Celtic fringe in national development, 1536-1966. London: Redwood.

Katzenstein, Peter (1987): Policy and Politics in West-Germany. The Growth of a Semisovereign State. Philadelphia: Temple University Press.

Kemmler, Marc. 1993. Die Entstehung der Treuhandanstalt: Von der Wahrung zur Privatisierung des DDR-Volkseigentums. Frankfurt/M., New York: Campus.

König, Klaus (1995): Personalpolitik bei der Transformation einer Kaderverwaltung in Deutschland. In: Wolfgang Seibel/Arthur Benz (Hrsg.): Regierungssystem und Verwaltungspolitik. Beiträge zu Ehren von Thomas Ellwein. Opladen: Westdeutscher Verlag: 154-167.

Koselleck, Reinhart (1981): Preußen zwischen Reform und Revolution. Allgemeines Landrecht, Verwaltung und soziale Bewegung von 1791-1848. 3. Aufl. Stuttgart: Klett-Cotta.

Kuran, Timor (1995): Private Truths, Public Lies. The Social Consequences of Preference Falsification. Cambridge (Mass.): Harvard University Press.

Lehmbruch, Gerhard (1995): Sektorale Variationen in der Transformationsdynamik der politischen Ökonomie Ostdeutschlands. In: Wolfgang Seibel/Arthur Benz (Hrsg.): Regierungssystem und Verwaltungspolitik. Beiträge zu Ehren von Thomas Ellwein. Opladen: Westdeutscher Verlag: 180-215.

March, James G./Johan P. Olsen (1989): Rediscovering Institutions. The Organizational Basis of Politics. New York: The Free Press.

Mayntz, Renate (1983): Zur Einleitung: Probleme der Theoriebildung in der Implementationsforschung. In: dies. (Hrsg.): Implementation politischer Programme II. Ansätze zur Theoriebildung. Opladen: Westdeutscher Verlag: 7-24.

Mayntz, Renate (1994): Deutsche Forschung im Einigungsprozeß. Die Transformation der Akademie der Wissenschaften der DDR 1989-1992. Frankfurt/M.: Campus.

Mayntz, Renate/Fritz W. Scharpf (1995): Der Ansatz des akteurszentrierten Institutionalismus. In dies. (Hrsg.): Gesellschaftliche Selbstregelung und politische Steuerung. Frankfurt/M., New York: Campus: 39-72.

Nipperdey, Thomas (1993): Deutsche Geschichte 1866-1918. 2. Bd.: Machtstaat vor der Demokratie. München: Verlag C. H. Beck.

Osterland, Martin (1995): Die kommunale Selbstverwaltung in den neuen Ländern. Beitrag zum Workshop der Berichtsgruppe III der Kommission zur Erforschung des sozialen und politischen Wandels e. V. (KSPW), "Politische Interessenvermittlung, Kommunal- und Verwaltungspolitik" zum Thema "Institutionenbildung in Ostdeutschland. Organisatorische Strukturbrüche, Institutionentransfer, sozio-kulturelle Veränderungen im intersektoralen Vergleich". Manuskript.

Reulen, Stephanie (1994): Die Entwicklung landesspezifischer Strategien am Beispiel der Kreisgebiets- und Gemeindereform in Sachsen und Brandenburg. Verwaltungswissenschaftliche Diplomarbeit. Konstanz.

Risse-Kappen, Thomas (1994): Ideas do not Flood Freely: Transnational Coalitions, Domestic Structures, and the End of the Cold War. In: International Organization 48: 185-214.

Rousseau, Jean-Jaques (1993): Émile oder Über die Erziehung. Paderborn/München/ Wien, Zürich: Schöningh (französ. Original 1762).

Rüschenschmidt, Heinz (1975): Die Verwaltungsreform im Lande Rheinland-Pfalz, unter besonderer Berücksichtigung der Territorialreform auf der Ebene der Kreise und Gemeinden, Diss., Trier.

Rüsen, J./Jaeger, F. (1990): Historische Methode. In: Richard van Dülmen (Hrsg.): Fischer Lexikon Geschichte. Frankfurt/M.: Fischer Taschenbuchverlag: 13-32.

Scharpf, Fritz W. (1975): Demokratietheorie zwischen Utopie und Anpassung. Kronberg/Ts.: Scriptor-Verlag.

Schimanke, Dieter (1978): Verwaltungsreform in Baden-Württemberg. Verwaltungsinnovation als politisch-administrativer Prozeß. Berlin: Duncker & Humblot.

Schmidt-Eichstaedt, Gerd (1992): Gebiets- und Verwaltungsreform in den neuen Bundesländern. Stand und Perspektiven. In: Archiv für Kommunalwissenschaft 31: 1-21.

Schnabel, Fritz/Henry Hasenpflug (1993): Kreisgebietsreform in Sachsen. In: Landes- und Kommunalverwaltung: 402-405.

Seibel, Wolfgang (1993): Die organisatorische Entwicklung der Treuhandanstalt. In: Wolfram Fischer/Herbert Hax/Hans Karl Schneider (Hrsg.): Treuhandanstalt. Das Unmögliche wagen. Berlin: Akademie-Verlag: 111-147.

Seibel, Wolfgang (1994a): Strategische Fehler oder erfolgreiches Scheitern? Zur Entwicklungslogik der Treuhandanstalt 1990-1993. In: Politische Vierteljahresschrift 35: 3-39.

Seibel, Wolfgang (1994b): Das zentralistische Erbe. Die institutionelle Entwicklung der Treuhandanstalt und die Nachhaltigkeit ihrer Auswirkungen auf die bundesstaatlichen Verfassungsstrukturen. In: Aus Politik und Zeitgeschichte B43-44/ 94: 3-13.

Seibel, Wolfgang (1996): Verwaltungsreformen. In: Klaus König/Heinrich Siedentopf (Hrsg.): Öffentliche Verwaltung in der Bundesrepublik Deutschland, 2., völlig überarb. Aufl., Baden-Baden: Nomos.

Simon, Herbert A. (1957): Administrative Behavior. A Study of Decision-Making Processes in Administrative Organization. 2nd ed., New York: MacMillan.

Sommerschuh, Dietrich (1994): Die Neuordnung der sächsischen Landkreise. In: Der Landkreis Nr. 64: 159-161.

Tondorf, Karin (1995): Beschäftigungssicherung durch Arbeitszeitpolitik im öffentlichen Dienst Ostdeutschlands. In: Beschäftigungsobservatorium Ostdeutschland Nr. 15, Juni 1995: 3-6.

Treuhandanstalt (Hrsg.) (1994): Ergebnisse der Klausurtagung Lindow 21.-22.8.1992. In: Dokumentation 1990 bis 1994. Bd. 15. Berlin: Eigenverlag: 144-161.

Vaatz, Arnold (1995): Umbau oder Neubau? Vortrag an der Universität Konstanz am 5. Mai 1995.

Watzlawick, Paul (1983): Anleitung zum Unglücklichsein. München/Zürich: R. Piper & Co. Verlag.

Wehler, Ulrich (1987): Deutsche Gesellschaftsgeschichte. Vom Feudalismus des alten Reiches bis zur Defensiven Modernisierung der Reformära 1700-1815. Band 1. München: C. H. Becksche Verlagsbuchhandlung.

Westney, D. Eleanor (1987): Imitation and Innovation. The Transfer of Western Organizational Patterns to Meiji Japan. Cambridge (Mass.): Harvard University Press.

Wiesenthal, Helmut (1995): Einheit als Interessenpolitik. Studie zur sektoralen Transformation Ostdeutschlands. Frankfurt/M.: Campus.

»... kann man jedem nur raten, den Verwaltungsmodernisierung angeht und der sich rasch und präzise informieren möchte, zu diesen schmalen Bändchen zu greifen. Mehr benötigen Führungskräfte, Personalräte und Kommunalpolitiker als erste Einführung nicht.
... eine preiswerte Handbibliothek.«

*Prof. Dr. Eberhard Laux
in: Die Öffentliche Verwaltung
Januar 1996, H. 2*

In der Reihe »**Modernisierung des öffentlichen Sektors**« sind bisher erschienen:

Jeder Band der Reihe: DM 16,80

1   Frieder Naschold
    Modernisierung des Staates
    Zur Ordnungs- und Innovationspolitik des öffentlichen Sektors
    1993, 3. Aufl. 1995   100 S.   ISBN 3-89404-721-6

2   Dietrich Budäus
    Public Management
    Konzepte und Verfahren zur Modernisierung öffentlicher Verwaltungen
    1994, 3. Aufl. 1995   90 S.   ISBN 3-89404-722-4

3   Christoph Reichard
    Umdenken im Rathaus
    Neue Steuerungsmodelle in der deutschen Kommunalverwaltung
    1994, 4. Aufl. 1995   91 S.   ISBN 3-89404-723-2

5   Gertrud Kühnlein, Norbert Wohlfahrt
    Zwischen Mobilität und Modernisierung
    Personalentwicklungs- und Qualifizierungsstrategien in der Kommunalverwaltung
    1994, 2. Aufl. 1996   100 S.   ISBN 3-89404-725-7

- Fortsetzung auf der nächsten Seite -

6	Maria Oppen **Qualitätsmanagement** Grundverständnisse, Umsetzungsstrategien und ein Erfolgsbericht: die Krankenkassen 1995 102 S. ISBN 3-89404-726-7	*Jeder Band der Reihe: DM 16,80*

7 Karin Tondorf
Leistungszulagen als Reforminstrument?
Neue Lohnpolitik zwischen Sparzwang und Modernisierung
1995   84 S.   ISBN 3-89404-727-5

8 Jörg Bogumil, Leo Kißler
Vom Untertan zum Kunden?
Möglichkeiten und Grenzen von Kundenorientierung in der
Kommunalverwaltung
1995   99 S.   ISBN 3-89404-728-3

9 Sybille Stöbe, Rolf Brandel
Die Zukunft der Bezirksregierungen
Modernisierungsperspektiven für die staatliche Mittelinstanz
1996   101 S.   ISBN 3-89404-729-1

Als **Sonderbände** der Reihe sind bisher erschienen:

1 Frieder Naschold
Ergebnissteuerung, Wettbewerb, Qualitätspolitik
Entwicklugspfade des öffentlichen Sektors in Europa
1995   280 S.   ISBN 3-89404-751-8   DM 36,00

2 Gertrud Kühnlein, Norbert Wohlfahrt
Leitbild lernende Verwaltung?
Situation und Perspektiven der Fortbildung in westdeutschen
Kommunalverwaltungen
1995   184 S.   ISBN 3-89404-752-6   DM 27,80

3 Fritz Behrens, R. G. Heinze, J. Hilbert, G. Stöbe, E. M. Walsken (Hg.)
Den Staat neu denken
Reformperspektiven für die Landesverwaltungen
1995   399 S.   ISBN 3-89404-753-4   DM 39,00

4 Frieder Naschold, D. Budäus, W. Jann, E. Mezger, M. Oppen, A. Picot,
Chr. Reichard, E. Schanze, N. Simon
Leistungstiefe im öffentlichen Sektor
Erfahrungen, Konzepte, Methoden
1996   184 S.   ISBN 3-89404-754-2   DM 27,80

Ausführliche Informationen über die lieferbaren Titel der Reihe, über Neuerscheinungen und über sein sozialwissenschaftliches Gesamtprogramm sendet der Verlag Ihnen gern. Natürlich kostenlos und unverbindlich.
edition sigma   Karl-Marx-Str. 17   D-12043 Berlin   Tel. [030] 623 23 63